슬기로운 집콕 스피치

■ 지은이 **장승재**

스피치에 숨겨진 본질적 가치를 전하는 대한민국 대표 강사

공공기관 근무, 대학교 평생교육원 강사, 지역일간지 칼럼니스트, 대형서점 북살롱 운영, 독서지도사, 사회리더 청년 멘토, 콘텐츠 큐레이터로서 말과 글을 다루는 직업을 가졌다. 미래의 주역 청소년부터 사회지도층까지 삶의 전반 구석구석에 선한 영향력을 주기 위해 절차탁마(切磋琢磨) 하였다.

아침에는 글을 쓰고 낮에는 민원을 대하고 저녁에는 강의를 한다. 고된 하루를 보내면 시계추가 느리게 간다. 빠르게 변화하는 세상 속에 가능한 천천히 살고 싶어 빼곡하게 채우고, 빠듯한 일정을 즐긴다.

권위적인 사고를 가진 '꼰대'가 되지 않기 위해 여러 가지 일을 벌였다. 그때마다 동시에 가슴이 두근거리고 살아있음을 깨달았다. 월급쟁이로서 연간 100회 이상 대학교, 기업, 지자체의 강연자로 무대에 섰다. 본업을 가진 직장인 중 가장 많은 강의를 한 사람으로 자타 공인 비공식적 기록도 가지고 있다.

이메일: sjjang0400@naver.com

코로나로 지친
당신의 일상을
깨우다

슬기로운
집콕 스피치

장승재 지음

| 머리말 |

우연한 계기로 강사에 발을 들이고 TED(재능기부 강연) 스태프
로 참여하면서 지식 나눔의 가치를 깨달았다. 대본을 직접 쓰
고 자아 성찰을 통해 가르칠 수 있다는 것만으로도 행복해 천
직이라 여겼다. 예고 없이 찾아온 코로나19는 내 인생의 여백
을 선사하였다. 앞뒤 좌우 살필 틈도 없이 바쁜 일상을 살다가
쉼표를 찍으면서 주변에 소중한 것들이 차츰 눈에 보였다. 오
로지 목표를 향해 과도한 욕심을 부리면서 이기적으로 내 길만
걸어가지는 않았는지 후회가 밀려왔다. 새로운 변화의 불씨를
마련하고 싶었다. 그동안의 경험과 노력을 생생하게 전하고,
누군가에게 도움이 될 수 있는 책을 만들기로 결심하였다.

"새로운 시도를 통해 좌충우돌 겪었던 대중 스피치 노하우를
널리 알린다면 그들의 삶이 행복해질 수 있을까?", "행복해진다
면 어떻게 발전하고 나아질 수 있을까?", "나는 그들과 무엇을

나눌 수 있을까?" 마지막으로 "나는 정말 행복할까?" 나에게 던지는 질문 속에 해답을 찾고자 오랜 시간 사색하며 직접 경험한 순간들을 떠올렸다. '함께'라는 단어의 소중함을 가슴에 간직한 채 평생을 살아가고 있다. 도움의 손길이 간절한 누군가의 든든한 조력자로 남고 싶은 마음을 확인하고 첫 출발을 떠올렸다.

말을 잘하고 공감을 얻는 소통을 하기 위한 전제와 갖추어야 할 덕목은 무엇이 있을까? 말을 하는 직업을 가졌지만 항상 의문이 있었다. 말을 잘한다는 것은 과연 무엇일까? 아나운서처럼 정확한 발음으로 말하거나 혹은 테너와 같이 풍부한 성량으로 말하는 것을 의미할까? 결코 아니다. 내 안의 나를 용기 내서 말하는 자존감의 발견이 필수적이다. 스스로 생각하고 결정하고 진솔하게 응해야 한다.

어느 날 우연히 강연을 들으면서 '많은 대중 앞에 서면 마치 홀로 맹수를 만나는 공포감과 상등하다.'라는 심리학자의 연구 결과를 만났다. 유명 직업 훈련 포털 사이트에서도 직장인 1,000명을 대상으로 '스피치의 두려움'을 주제로 설문조사를 하여 유사한 결론을 도출했다. 10명 중 9명 이상이 앞에서 말하는 데 두려움이 있다고 답하였다. 누구에게나 말하기는 큰 고민거리임이 분명하다. 당신에게만 국한된 문제가 결코 아니다.

대중 스피치에 자신만만한 사람은 동서고금을 막론하고 단언컨대 없다. 매번 듣는 청중과 환경의 변화가 있을 때마다 누구나 떨리고 긴장된다. 스티브 잡스나 버락 오바마도 예외가 될 수 없다. 기자들은 스티브 잡스에게 떨지 않고 세상을 흔들 연설을 매번 할 수 있는 비결을 물었다. 그는 오로지 "연습, 연습, 연습"만을 강조했다. 피할 수 없는 긴장감과 두려움을 숙명으로 받아들여야 한다.

모든 일은 지난한 일상들이 쌓여 비로소 자신의 가치를 창출해낸다. 목표나 꿈을 당장 이룰 수 없지만 소폭으로 꾸준하게 걷다 보면 어느 순간 그 지점에 다다른다. 스피치도 마찬가지다. 갑자기 하루아침에 명연설을 하기란 불가능에 가깝다. 충분한 연습과 피땀 흘린 노력이 뒷받침되어야만 빛을 낼 수 있다. 일상에서 쉽게 따라 할 수 있는 방법들을 모두 적었다.

매번 강의를 사랑해 주시고 10년간 강의할 수 있도록 도와주신 모든 분들에게 보답하고 싶었다. 출근하기 전에 한 시간씩 하루도 빠짐없이 진심을 담아 적었다. 이 책이 스피치로 마음속에 생채기가 생긴 여러분에게 소중한 안내서가 되어줄 것이다.

66

우물쭈물했던 당신이 남 앞에서 당당하게 말할 수 있도록
용기를 회복하고 잃어버린 자존감을 발견하기를.

일상에서 작은 노력과 열정에 조금 더 당신이 편안하기를.

대중 앞에 당신답기를 바라는 마음을 담아.

99

Contents

생활 속 스피치 고수들의 재발견

'그들에게는 수상한 습관이 있다'

1. 무작정 나가기
   - 무대공포증 극복 사례

2. 세상에서 가장 따뜻한 언어, 경청으로
   - 효과적인 의사소통 자가 점검 목록표

3. 머릿속에 키워드를 간단하게 정리하고 나가는 사람
   - 가족(친구) 앞에서 어려운 법정판결문 읽어보자
   - 세 가지 키워드를 선택해서 모두 활용하여 말해보자

4. 살아있는 표정으로 말하는 사람
   - 유명 소설 속 주인공이 되었다고 가정하고 감정을 넣어서
     소리 내어 말해보자
   - 인기 라디오 DJ가 되었다고 상상하며 청취자에게 재미나게
     말해보자

생활 속 스피치 고수들의 재발견

'그들에게는 수상한 습관이 있다'

1. 무작정 나가기

꿈을 이루지 못한 사람들은
"나는 재능이 없었어"라고 말한다.
꿈을 이루지 못한 이유가 재능이 없었다는 것이라면
꿈을 이룬 사람들은 모두 "재능이 있었어"라고
대답하는 것이 맞겠지만
성공한 사람 중에 그런 대답을 한 사람은 한 명도 없었다.
꿈을 이룬 사람들은 "정말로 하고 싶었던 일을
열정을 가지고 계속했을 뿐이다"라고 말한다.

– 기타가와 야스시, 『편지가게』에서

"스피치 강사면 앞에 나와서 떨지 않고 말을 조리 있게 할 수 있어서 부러워요."

강의나 강연, 직장에서 교육생에게 자주 듣는 말이다. 그런 말을 들을 때마다 나 스스로에게 되묻는다.

'관객이 무섭지 않아?'

새 학기, 새로운 모임, 새로운 주제로 강의를 할 때마다 불안한 마음에 가장 먼저 도착해서 편안한 공간을 찾는다. 3년 동안 강의를 하면서 이제 익숙해질 만도 되었는데 여전히 멋쩍은 나도 내가 어색하다. 늘 처음은 설레면서도 걱정 반 즐거움 반이다.

매주 월요일 저녁 7시면 퇴근하고 ○○대학교 평생교육원으로 향한다. 수강생들이 삼삼오오 모여서 새로운 강의에 대한 기대감과 퇴근 후에 지친 몸을 이끌고 와 피곤함이 교차한다. 앞에서 기다리고 있던 나는 스피치 강의를 듣고자 하는 열정만으로 이 자리에 오신 분들을 위해 커피와 종이컵을 꼭 챙겨온다. 수업 시작을 알리는 초침이 정각에 이르는 순간에 숨이 턱 멎는 기분이 든다. 똑같은 내용으로 강의를 하지만 새로운 사람과 만나는 기분은 첫 연애를 할 때 밀당하는 느낌과 흡사하다. 떨리고 두려움이 자연스럽게 존재한다. 기분을 억지로 누르려 하면 풍선처럼 터진다. 정신이 혼미해질 정도로 몰두했던 노력이 물거품이 되어 다시 시도하기가 겁이 난다. 내 감정을 존재하는 대로 존중해 주는 게 필요하다.

영화 『킹스 스피치』(톰후퍼, 2011년)를 보면 말을 더듬는 콤플렉스를 가진 버티(콜린 퍼스)는 마이크 앞에만 서면 말 한마디를 제대로 하지 못했다. 그를 지켜보는 아내 엘리자베스 왕비(헬레나 본햄 카터)는 괴짜 언어치료사 라이오넬 로그(제프리 러쉬)를 만나서 말더듬증 극복에 나선다. 버티가 로그에게 자신이 세기의 스캔들을 일으키며 왕의 자리에서 포기한 형 때문에 왕위에 오르나 심적 부담감이 커서 대중에게 말할 때마다 말을 제대로 하지 못한다고 고백한다. 라이오넬 로그는 버티와 연설장에 동행해서 편안하게 말할 수 있도록 자신감과 기운을 북돋아준다.

우리 모두가 말하기가 두려운 이유는 다른 사람에게 잘 보이기 위한 부담감이 나를 짓누르기 때문이다. 새로운 도약을 하는 스트레스, 누구에게나 있다. 무대 위에서 화려한 퍼포먼스를 선보였던 보아, 얼음판 위에 범접할 수 없는 프리마돈나 김연아도 무대 공포증을 고백하였다. 유명하고 주목을 받는 자리일수록 자신과의 싸움은 필연인 듯 보인다.

말더듬이 왕 버티가 마이크 앞에서 능숙하게 말을 할 수 있었던 점은 언어치료사 라이오넬 로그와의 인연도 있지만, 자신을 솔직하게 인정했던 부분을 더 높이 평가하고 싶다. 있는 그대로의 감정을 받아들이고 표현해야만 두려움을 이겨낼 수 있다. "매번 강의를 하지만 오늘도 역시 떨리네."라고 글로 적어보든 혼잣말을 내뱉든 여과 없이 뱉어보자. 그러면 나를 보는 시선에서 자유로워지고 그들의 눈빛이 부드러워진다. 앞에서 말하는 건 누구든지 어려운 법이니까.

나는 말을 잘하고 싶은 사람에게 항상 입버릇처럼 하는 말이 있다.

"완벽하게 갖추고 해야지 이런 생각을 버리세요. 스피치도 자꾸 해봐야 실력이 늘게 됩니다. 완벽한 최선의 선택보다 부족할 수 있지만 지혜로운 차선이 더 중요합니다. 스피치를 잘하고 싶다는 의욕과 마음으로 하기보다는 남모르는 열정의 과정이 필요합니다. 준비과정에서 겪는 어색함과 쑥스러움은 당연한 감정입니다. 평소 안 하던 일을 하다 보면 부끄럽고 쑥스럽습니다. 아무렇지 않은 상태가 오히려 이상한 겁니다."

앞에서 말하는 두려움을 거부하거나 피하지 말고 싫어도 인정하고 받아들이자. 두려움은 실수를 받아들이지 못하기 때문에 불쑥 나온다. 잘하고자 하는 마음을 과감히 버리고 기대치도 낮추자. 막상 하면 아무것도 아닌 게 너무도 많다. 말하기도 그 일환이다. 두려움을 떨치고 마음의 짐을 가볍게 내려 놓자. 그러면 더 멋진 세상이 당신을 기다릴지도 모른다.

■ 무대공포증 극복 사례

◇◇대학교 평생교육원 2기 김○○

시청해서 근무하셨던 수강생이었다. 처음 자기소개를 하실 때에 "안녕하세요 김○○입니다. 앞으로 잘 부탁드립니다. 제가 스피치 교육과정에 등록한 이유는 팀장급이 되어 말할 기회가 많은 데 쑥스럽지 않고 능숙하고 일목요연하게 말하고자 이 강의를 수강하게 되었습니다."

두 줄 정도 되는 간단한 문장인데도 긴장되어 손은 부자연스럽고 시선은 아래로만 향하였다. 말하는 자신감이 없었다. 이때 드린 말씀은 "모두가 앞에 서면 떨리고, 저 역시도 겉으로 티를 내지 않았지만 긴장된다. 10주 동안 사적인 일이 있으셔도 꼭 수업에 참여하셔서, 무대에 나와 말 한마디도 좋고 관객의 얼굴만 봐도 좋다고 하였다" 김○○은 우공이산(愚公移山)의 심정으로 끝까지 약속을 지키며, 모두 출석을 하셨고 놀랄만한 성과와 변화가 있었다.

강사님, 잘 지내시죠? 저는 시청에서 1.1일 자로 □□면사무소 ◇◇팀장으로 발령받았어요. 스피치지도사 교육을 받은 경험이 요즘 큰 도움이 되고 있는 걸 절실히 느끼고 있어요. 각종 회의 진행하는 데 긴장감이 거의 없어요.

■ 무대공포증 극복 사례

◇◇대학교 평생교육원 4기 이○○

좋은 아침입니다. 아는 만큼 보인다! 어제 수업을 마치고 집에 들어가 모든 정리를 마치고 TV를 켰더니 어느 방송에서인가 문재인 대통령 통일외교안보 특별보좌관이 특강을 하는 것을 보고 깜짝 놀랐습니다. 거기서 그분의 바디랭귀지 스킬을 관찰하였어요. 손바닥을 보이고 넓게 활짝 폈다가 다시 손을 모으는 스킬을 주로 사용하는 형태를 보았습니다. 최근에는 사설을 소리 내어 읽는 습관과 바디랭귀지 표현에 익숙해지도록 일찍 출근하여 연습합니다. 스피치지도사 강좌를 들으면서 변화하는 일상생활에 감사합니다.

2. 세상에서 가장 따뜻한 언어, 경청으로

연애기술이 좋다고 진실한 사랑을 하는 건 아닙니다.

좋아하는 마음이 있어야 합니다.

간절하게 원하는 마음이 있어야만 공감을 이끌어 냅니다.

그 비결은 상대방의 말과 행동을 세심하게 경청하는

자세에서 비롯됩니다.

– 노회찬

다양한 연령층을 대상으로 주 1회 이상 강의를 하였으나 코로나19로 활동이 중단되고 잠시 휴식기를 가졌다. '강의'라는 두 글자를 잠시 잊고 있었다. 새로운 주제로 강의 준비도 해보고 영화를 2주에 한 편씩 보며 신선한 영감도 떠올린다. 지금까지 오롯이 앞만 보고 달렸으나 바쁜 일생에 잠시 쉼표 한 점을 찍는 새로운 성장 동력으로 삼았다.

예방 수칙에 '외출 삼가기'가 있어 가급적 장보기를 제외하고는 집에만 있었다. 아내와의 대화도 자연스럽게 많아졌고, 부부가 함께 할 수 있는 일을 찾았다. 서로가 몰랐던 부분을 더 알아갈 수 있는 소중한 시간이었다. 신혼이라도 평일에는 직장 생활을 하고, 퇴근 이후와 주말에는 온전히 강의 준비를 해야 했다.

"강의 활동을 못해서 수입 활동이 줄었어."

"오빠가 돈 못 벌어오면 어때? 내가 더 벌어오면 되지. 나만 믿어! 나 오가장이야. 오빠가 이런 시간에 새로운 콘텐츠를 짜고 상대방을 기쁘게 해주기 위해 많은 고민을 하잖아! 난 오빠가 자랑스러워."

"그런가? 말을 참 예쁘게 하는구만."

"그럼! 귀한 시간을 잘 활용하고 나와도 틈틈이 놀자."

"고마워~ 힘이 나! 다시 서재로 들어갈게! 한 시간 후에 마스크를 착용하고 산책 가자."

아내는 내 투정을 끝까지 잘 들어주고 격려와 응원도 잊지 않았다. 아내와 1년 반 동안 연애하고 같이 산지는 6개월 되었다. 아직도 모르는 부분이 많지만 씩씩하고 토닥토닥해줄 수 있는 마치 크고 작은 파도를 군말 없이 포용하는 푸른 바다처럼 넓은 마음을 가진 것 같다.

『82년생 김지영』(김도영, 2019년)은 소설로 유명해져 영화까지 제작하였다. 대한민국에서 태어나 여성의 역할이 사회적으로 강요받는 자화상을 생생하게 그려내 많은 이에게 공감받았다. 극 중 '지영(정유미)'은 스트레스로 인해 언젠가부터 다른 사람의 가면을 쓰며 힘든 상황에 처하면 이상한 말을 막 쏟아낸다. 그런 모습을 본 '대현(공유)'은 아내가 상처받는 게 두려워 끝까지 기다리며 지켜본다.

진정한 사랑에 대해 고민해 보았다. 상대방을 편안하게 하고 말을 주의 깊게 경청하면서 존중받는다고 느끼는 감정이 아닐까? 그러려면 쉽게 내뱉는 조언이나 평가를 하지 않고 그만의 언어를 잘 들어주는 게 매우 중요하다. 영화를 보면서 깨달았다. 말의 기술이나 기교가 중요한 게 아니라 기다려주는 인내와 여유가 무엇보다 중요하다는 것을. 한 사람이 마음을 열고 진정으로 내게 온다는 건 실로 어마어마한 일이다.

"연탄재 함부로 차지 마라
너는 누구에게 한 번이라도 뜨거운 사람이었느냐"
안도현 시인의 시집 『외롭고 높고 쓸쓸한』(2004년)'에서 발췌한 내용이다.

하찮은 일상적인 사물인 연탄재를 통해 우리가 어떻게 살아가야 하는지 참고서가 되었다. 살면서 맺는 인연에 대해서 깊이 성찰할 수 있어 가슴속에 간직한다. 나는 아주 가까운 사람이지만 살면서 조언을 한다는 이유로 상처를 준 적이 있다. 그게 원하든 원치 않든 간에 누구도 타인의 마음을 흠집 내거나 속상하게 할 권리는 없다. 단지 서로를 안아주고 따뜻한 믿음의 언어로 응원해 주기만 하면 된다.

아내의 통화를 우연하게 들은 적이 있다. 말을 많이 하지 않고 상대방의 말에 집중하고 맞장구를 치면서 듣기만 한다. "어쩜 스피치를 강의하는 나보다 더 효과적인 의사소통을 하고 있네." 라고 불현듯 스스로가 부끄러웠다.

토크쇼의 황제 래리 킹은 말했다. "말을 제일 잘하는 사람은 논리적으로 말하는 사람이 아니라 남의 말을 잘 들어주는 사람이다." 저마다 입장이 다르고 취향도 다르고 가치관도 다른데, 내 입장, 내 처지, 내 가치관에서만 말하니 갈등이 생긴다. 대화는 일방적으로 떠드는 게 아니라 차를 우려내 듯 마음 깊숙한 곳에서 전해져오는 진심이다. 애정 어린 시선으로 상대방의 마음의 문을 천천히 열어야 한다.

일대일 상황에서 말하기 능력 평가	
1. 나와 생각이 다른 사람과 교류하는 것이 어렵다.	
2. 나는 말할 때 머릿속이 자꾸 복잡해지고 생각한 것들의 연관성이 없어진다. 이는 편안한 상황에서도 마찬가지다.	
3. 나는 생각을 글로 전달할 때가 말로 전달할 때보다 효과적이다.	
4. 나는 준비가 되지 않은 상황에서 예리한 질문을 받는 것이 두렵다.	
5. 나는 가끔 생각없이 말할 때가 있다.	
6. 다른 사람과 교류할 때 난관에 봉착할 경우 차라리 포기하고 우울해지는 걸 택한다.	
7. 나는 속마음을 말로 명확하게 표현하는 것이 어렵다.	
8. 나는 중요한 상황에서 이루어지는 소통에 대한 대비가 부족하다.	
9. 내 말에는 논리가 부족하다.	
10. 나는 내 목소리가 마음에 들지 않는다.	

여러 사람 앞에서 말하기 능력 평가	
1. 나는 여러 사람 앞에서 말할 때 긴장한다.	
2. 내가 말할 때 핸드폰을 만지거나 잠을 자는 사람이 싫고 자꾸 신경을 쓴다.	
3. 나는 대중 앞에서 말할 일이 별로 없다.	
4. 나는 여러 사람 앞에서 말할 준비를 할 때 효율이 너무 낮고 어디서부터 시작해야 할지 몰라 매번 야근하거나 밤을 새워야 한다.	
5. 내 PPT 제작 실력은 말하기 실력보다 한참 위다.	
6. 나는 내 목소리가 마음에 들지 않는다.	
7. 내 말에는 가끔 논리가 부족하다.	
8. 나는 있는 사실을 그대로 말하기만 할 줄 알고 예시는 제시할 줄 몰라 내용이 단조롭다.	
9. 나의 말이 마음에 들지 않을 때가 많다.	
10. 나는 준비한 말을 다 하려는 생각만 해서 서 있는 자세나 제스처를 활용할 줄 모르고, 관중과 눈을 마주치는 것이 두렵다.	

〈출처: 호감가는 대화에서 8가지 절대법칙이 있다.〉

두 점검 목록표의 총합이 12점 이상이거나, 하나의 점검 목록표에서 5점 이상의 결과가 나왔다면 말하기 능력을 향상하기 위해서 노력해야 한다.

3. 머릿속에 키워드를 간단하게 정리하고 나가는 사람

우리가 무슨 생각을 하느냐가

우리가 어떤 사람이 되는 지를 결정합니다

– 오프라 윈프리

즉흥 스피치 수업을 진행할 때마다 가파른 산을 시간에 쫓겨 힘겹게 정상에 오르는 느낌이 든다. 이 과목은 내게 이런 의미이다. 자신감이 결여된 수강생들에게 마음의 문을 열고 많은 사람 앞에서 말하는 일, 험준한 산에 오르는 일처럼 수고와 노력이 두 배로 든다. 꽁꽁 닫힌 마음의 빗장을 열어야 비로소 즉흥 스피치도 수월하다.

사람들이 겪었던 대중 스피치에 대한 공포와 불안함의 무게와 두께는 모두 다르다. 어떤 사람은 가벼운 문을 손쉽게 열며 풀어나가고, 어떤 사람은 왜구를 막기 위해 견고하게 쌓았던 성문 마냥 크고 단단하다. 그럴 때 진땀이 난다. 꽁꽁 닫혀 있던 문을 열려고 사투를 벌여보지만 수포로 돌아갔던 일도 비일비재하다.

이때 『기다리는 부모가 아이를 변화시킨다』(이영미, 가야넷)의 내용을 자주 언급한다. '엄마가 된다는 것은 영어를 잘하고 수학을 잘해서 아이를 내 손으로 척척 가르쳐 줄 수 있어야만 하는 것은 결코 아니다. 겁내지 않고 도전해보는 용기, 못하지만 노력하는 모습을 보여주는 것만으로 아이들은 참으로 큰 힘을 얻을 수 있다고 확신한다.'라는 말을 책에서 인용하며, "잘하지 않으셔도 돼요. 아이들을 키우는 더 어렵고 숭고한 일도 잘 해내셨잖아요. 남녀노소를 불문하고 누구든 간에 준비하고 노력하는 진심에 감동해요."라고 말씀을 드린다.

자기 순서가 되어 쭈뼛쭈뼛 긴장된 수강생도 이런 얘기를 들려드리면 마음이 차분해지고 적극적으로 변하는 모습을 보인다. 쌓인 피로가 씻은 듯이 내려간다. 대화나 소통에도 통한다. 상대방에게 강압적으로 호통치고 핀잔을 주면 긍정적인 변화는 결코 일어나지 못한다.

"자신감 있게 말하고, 모르면 모른다고 말해!
두루뭉술하게 말하지 말고, 주도적으로 나서란 말이야!"

이전 직장에서 기획서를 쓰거나 보고를 할 때 국장에게 들었던 말이다. 틀린 말은 아니다. 하지만 이 충고가 따뜻하게 들리나? 아니면 얼어붙게 하는 차가운 말인가? 당연히 후자이다. '태양은 바람을 이긴다.'는 말이 있다. 사람은 주의를 받을수록 위축되고 자신감 있게 내뱉었던 말들도 긴장되어 표정이 굳고 말은 어눌해진다.

인디언 부족의 추장은 딸들에게 단순하게 사고하고 살아갈수 있도록 몸소 가르친다. 일화가 있다. 옥수수밭에 가서 딸들에게 가장 좋은 옥수수를 따오라고 주문한다. 단 2가지 규칙을 제시한다. 한 번 지나갔던 길은 다시 돌아보거나 돌아올 수 없다고 말한다. 그리고 옥수수밭에 가서 가장 좋은 옥수수를 따올 것을 주문한다. 결과는 어땠을까? 딸들은 "품질 좋은 옥수수를 찾을 수 있을 거 같아 두리번거리다가 빈 바구니로 돌아왔다."라고 푸념하였다. 그녀들은 '가장 좋은'이라는 단어에 매몰돼 선택을 하지 못하였다.

추장은 배우자를 선택하거나 큰 결심에 이르러야 할 때 단순하게 판단하는 게 오히려 현명한 선택일 수 있다는 점을 딸들에게 스스로 깨닫게 한다.

무대에 서는 교육생들이 갖는 두려움, 공포감 등 부정적인 상념을 단순화하여 세 개의 키워드로 정리해서 준비하라고 말한다.

덧붙여서 내가 직접 겪었거나 들었던 사례를 넣어서 친구와 수다 삼매경에 빠졌던 추억을 떠올려보라고 한다. 앞에 나와서 무슨 말을 해야 할지 몰라서 스트레스를 받기보다 간단하게 생각할 수 있도록 도와준다.

이때 세 가지로 함축해서 말하는 이유는 '키워드 숫자 3'은 서양에서 완벽한 숫자로 통하고 '삼 형제, 삼세 번, 삼(세) 박자' 등 우리나라 사람들도 숫자 3을 일상생활에서 사용하기를 좋아한다. 익숙한 숫자는 긴장된 감정을 눈 녹듯이 안정되게 한다.

복잡할수록 단순하게 생각해야 한다. 편안한 마음이 들지 않더라도 스스로 나를 생기 있게 해주는 마법의 주문을 내뱉는다. '마음을 안정시켜주는 말'과 '숫자 3'은 상대방에게 마음의 문을 여는 만능키다.

잊지 말아야 하는 것, 단순하게 생각해서 3가지만 말하라! 대중 스피치는 단순하게 생각해야만 자신감이 복리처럼 붙는다. 무대가 더 이상 불편하지 않은 공간임을 인식하게 되어 말해야 할 때에 외면하지 않아 성공 가능성도 자연스레 높아진다. '단순하게' 생각할수록 나를 괴롭히는 스피치에 두려움은 허상이라는 걸 마음에 새기기를 바란다.

[판결 주문]

1. 피고 ○○○ 주식회사는 이 판결 확정일로부터 7일 이내에 방송되는 피고의 "공정방송" 프로그램의 진행 중에 진행자로 하여금 별지 1 기재 정정보도문을 통상인 진행 속도로 1회 낭독하게 하되, 낭독하는 동안 위 정정보도문의 제목과 내용을 시청자들이 알아볼 수 있는 크기로 계속 표시하라.

2. 만일 피고 ○○○ 주식회사가 제1항의 의무를 이행하지 아니할 경우 피고 ○○○ 주식회사는 원고에게 기간 만료일 다음날부터 이행 완료일까지 1일 1,000,000원의 비율로 계산한 돈을 지급하라.

3. 원고의 피고 ○○○ 주식회사에 대한 나머지 청구 및 나머지 피고들에 대한 청구를 모두 기각한다.

4. 소송비용 중 원고와 피고 ○○○ 주식회사 사이에 생긴 부분의 3/4은 원고가, 나머지는 피고 ○○○ 주식회사가 각 부담하고, 원고와 나머지 피고들 사이에 생긴 부분은 원고가 부담한다.

■ 세 가지 키워드를 선택해서 모두 활용하여 말해보자

참치 물컵 반지

책 외식 달력

영혼 수건 사진

4. 살아있는 표정으로 말하는 사람

글은 절제된 사고가 인고의 세월을 통해 꼭꼭 눌러서 담은 김밥이고, 말은 정성스레 싼 김밥을 맛있게 먹는 행위이다. 모두 수고로움이 따르나 글은 쓸수록 기록이 남지만 말은 일순간의 그 사람을 드러내는 잣대이다. 글은 과정이 남고 말은 형태가 사라지는 발산이다. 평소 펜이 말보다 강하다는 신념이 있었지만 발상을 전환하게 된 에피소드를 소개하려고 한다.

초·중·고등학생은 친구와 부모, 대학생과 취업 준비생은 취업과 진로, 직장인은 처한 상황에 따라 관심사가 각기 다르다. 그날 주제는 '힘들었던 일과 기뻤던 일' 중에 선택해서 말하기로 하였다. 수강생들의 얼굴을 보니 울컥했던 과거가 떠올라 침울한 사람도 있고, 무표정으로 빈 종이에 끄적끄적 적는 분도 더러 있었다. 나도 문득 회상하였다. 나를 행복하게 했던 일과 슬프게 한 일은 무엇이고, 왜 그것이 나를 꼬리표처럼 지금도 추억이라는 이름으로 남았을까 하며 말이다.

내가 깊이 고심하던 중에 갑자기 한 분이 "제가 먼저 할게요"라는 말과 들뜬 표정으로 나를 쳐다보며 손을 들었다. 평소 적극적인 분이 아니었기에 자발적인 행동에 잠시 혼란스러웠다. 웃으면서 무대를 가리켰고 그분은 당당한 발걸음을 내디뎠다.

"어떤 사연이 있는지 말씀해 주실래요?"
그에게 대답을 청하였다. 그는 떨고 있었다.

"도저히 입이 근질근질해서 먼저 말을 안 하면 답답해서 죽을 것만 같아요."
"너무 궁금한데요. 박수로 이야기를 청해볼까요?"

자연스럽게 관객의 호응을 유도했다. 그의 얼굴에 이미 '나 행복해요'라고 쓰여 있었다. 그는 최근에 가슴속에 깊이 묻어두었던 사랑의 감정을 짝사랑했던 그녀에게 고백했다. 그녀를 흠모했던 시간이 길어서 꽤나 진지하였고 다행스럽게도 그의 마음을 받아주었다. 마음고생 제대로 한 지난날을 떠올리며 코끝이 찡한 모양이었다.

그는 아버지의 작은 회사에서 일을 하는 순박한 청년이었다. 거래처를 드나들면서 회계 업무를 하는 아가씨를 보고 점점 마음을 빼앗겼다. "성공과 부에 야심이 커서 외로워서 그럴 거야. 재채기처럼 슬며시 지나가겠지!"라며 내면의 소리를 외면하였다. 그럴수록 마음 한쪽은 그녀를 그리워했다. 그러던 차에 업무상 식사를 하면서 밸런타인데이에 그녀는 그에게 인사차 선물을 주었다.

초콜릿을 받고 그는 갑자기 두근거리고 쑥스러워서 감사의 표현도 제대로 못했다. 그의 참았던 감정이 불출하였다. 그날로부터 적극적으로 애정표현을 하겠다고 다짐하여 매일 간식거리를 그녀의 책상에 놓고 가며 출석 도장을 찍었다고 한다. 처음에는 그녀도 그의 행동에 적잖이 당황히고 부담스러워했다. 그가 올 때쯤 자리를 피하거나 전화 통화를 하며 눈을 마주치지 않았다. 몇 달을 꾸준하게 노력했더니 하늘도 그의 행동에 감동하였는지 그녀가 먼저 식사를 제의하였고 마침내 사랑의 결실이 맺어졌다.

그는 말을 하는 순간 내내 어느 누구보다 본심이었다. 눈빛과 말투가 살아있었다. 그가 내뱉는 장면은 내가 그의 이야기에 흠뻑 빠져 주인공이 된 것 마냥 착각하게 만들었다. 말하는 동안 나는 그가 되었다. 잠시 동안 다른 사람의 감정 속에 머물면서 희열을 만끽하였다.

나는 이래서 교육생이 참여하는 수업이 재밌다. 그들의 마음속으로 들어가 고뇌도 하고 환희도 느끼게 되니… 무표정하고 담담하게 아버지가 돌아가셔서 힘든 과거를 말씀하시는 분도 종종 있다. 슬픈 감정이 나에게 전달되지 않아 감정이입이 어려웠다. 강의는 현재적인 특성과 교감이 자유롭게 공유되는 자리다. 내가 '스피치 강의'를 선택하길 잘했다고 느끼는 순간이다.

말은 일시적이고 일렁이는 파도처럼 다시 제자리로 돌아오지 않는다고 생각하였다. 그런데 가장 생각나는 이야기를 묻는다면 연애 스토리를 말한 이○○를 떠올린다. 매일 썼던 일기보다도 더 생생하다. 소통은 순간이고 사랑이고 우리의 지금이다.

문득 돌이켜보면 발표나 강의를 통해 나를 더 많이 알렸다.

글보다 말이 내 가치관에 영향을 더 크게 주었다. 부부생활을 하면서 서로의 사랑 표현을 편지보다 일상 속에 따뜻한 말 한 마디로 감정을 나누었고, 직장에서도 상사의 어투에 일희일 비가 된다. 동생부부, 장인어른, 장모님의 따사로운 말이 나를 더 가까이 끌어당긴다. 내 인생에서 말은 나의 자존심을 올리 고 현재를 있게 해준 숨은 공신이다.

■ 유명 소설 속 주인공이 되었다고 가정하고
   감정을 넣어서 소리 내어 말해보자

두 아들의 등을 민다. 인호는 재빨리 아비 손에서 보따리를 받아들었다. 한복은 두 활개를 저으며 걸음을 빨리한다. 부산 부둣가에서 목마르게 그리워했던 가족, 윤선 속에서는 고향에, 가족 곁으로 못 돌아갈 것만 같은 망상에 시달렸던 그 모든 감정이 가슴속에 살아난다. 한 발이라도 바삐 떼어놓지 않는다면 아내의 얼굴을 다시 못 볼 것같이, 와글거리며 따라오는 마을사람의 얼굴이 보이지 않았다. 외떨어져서 오도카니 서 있는 초가만이 시야에 뚜렷이 보일 뿐이다. 영호네는 마루에 나앉아 있었다. 들어서는 남편을 보자 쪼그렸던 두 다리를 뻗고 영호네는 초상이라도 난 것같이 아이고, 아이고오! 곡성을 터뜨렸다. 서둘렀던 마음과 달리 한복은 마루 끝에 걸터앉은 채 위로의 말 한마디를 할 줄 모른다.

"너무 서버려도 눈물이오, 너무 좋아도 눈물이고, 요상한 기이 사람이라."

마을 사람들은 돌아왔느냐 말 한마디 없이 통곡하는 영호네와 또 우두커니 마루 끝에 앉은 한복을 번갈아 보다가

"우리는 가자. 오늘이 우떤 날인데 여기 이러고 있을 기고."

"하기는 우리가 가야 저 사람들도 방에 들어갈 기고, 가자."

- 『토지』(박경리 대하소설) 13권 81쪽 중 일부 발췌

■ 인기 라디오 DJ가 되었다고 상상하며
 청취자에게 재미나게 말해보자

[어리버리 훈련병]

　군대 훈련병 시절에 옆 동기 훈련병은 어리버리했습니다. 행동은 느리고 굼뜨고 옆에서 챙기느라 일이 아니었습니다.

　야간 탄약고 근무일 때 어리버리 훈련병과 짝을 지어서 보초를 서고 있는데 30분이 지나 그 친구가 계속 앓는 소리를 내면서 총을 들었다 내렸다 하고 막 이러는 거에요.

- 〈두시탈출 컬투쇼〉(SBS 파워FM) 베스트 사연 중 일부 발췌

습관 누구에게 필요한가?

'더 나은 미래로 가는 열쇠, 변화'

1. 변화는 원래 어렵고 힘들다
   - 고저장단의 변화로 내 감정을 제대로 전달하자

2. 무심코 자신감을 해치는 일상 속 습관
   - 자주 쓰는 습관 단어를 점검하고 감정단어를 늘려보자

3. 당신이 중요하다
   - 나의 자존감을 높여주는 문장카드를 매일 10분씩 읽어보자

4. 닮아가라
   - 소통전문가 김창옥 강사가 JTBC 뉴스에서 말한 대본을
     따라 읽어보자

5. 천릿길도 한 걸음부터
   - 시간을 관리하여 꿈꾸는 이상과 가까워질 수 있도록
     일정을 관리하자

6. 행복해야만 비로소 할 수 있는 것들, 습관
   - 스피치 연습을 생활화하는 습관 소개, 제스처 활용 방법

제2장

습관 누구에게 필요한가?

' 더 나은 미래로 가는 열쇠, 변화 '

1. 변화는 원래 어렵고 힘들다

....

생각은 말을 바꾸고 말은 행동을 바꾸고

행동은 습관을 바꾸고 습관은 인생을 바꾼다

– 마하트마 간디

"○○○ 선생님 내용도 훌륭하고 자세도 좋은데 말의 속도
가 굉장히 빨라요."

"□□□ 선생님 떨리시는 게 눈에 보여요. 오랜만에 편안한
친구를 만났다고 여기고 말씀해 보세요."

대학교에서 강의를 하면서 말하기 코칭을 할 때에 흔히 사용하는 단골 레퍼토리이다. 본인도 이런 문제점을 듣거나 느껴서 부족한 점을 알고 고치려 하나 준비 부족으로 변화가 매우 더디거나 혹은 포기하고 더 이상 교육을 들으러 오지 않는 경우가 빈번하다.

하루 일과의 절반 이상을 직장인으로 살아가면서 상사와 부딪치는 게 싫고 직급이 낮은 동료와 다투는 게 조심스러워 입을 다물게 된다. 자유롭게 표현하지 못하는 분위기 속에서 조직의 성과는 기대하기 어렵다. 변화와 혁신은 모두가 동의하는 과제지만 서로가 마찰을 피하고 단념하거나 포기하는 게 쉽다는 공감대가 형성한다. 그만큼 변화를 한다는 건 엄청난 용기와 절제가 필요하고 누구나 현재 상태를 유지하고 싶은 욕구가 존재한다.

영화 『공동경비구역 JSA』(박찬욱, 2000년) 남한군 장병(이병헌, 김태우), 북한군 장병(송강호, 신하균)은 남한군 이수혁(이병헌)이 밟았던 지뢰를 오경필 중사(송강호)가 제거하는 사건을 계기로 친해진다. 담배도 교환하고 팔씨름도 하며 막역한 사이가 되었다. 그들의 평화는 오래가지 못하였다. 북측 초소에서 놀고 있던 이들은 북한군 장교가 권총을 들고 들어오자 서로

총을 겨누었다. 공포와 두려움이 이내 방아쇠로 작용하여 북한 장교와 초소병(신하균)이 총상을 입고 살해된다. 순식간에 벌어진 일로 결정적인 순간에는 서로를 불신했고, 총을 겨누었다. 그들을 지배했던 정신은 인간적인 감정이 아닌 사상과 정치적 이데올로기였다.

호형호제하는 가까운 관계가 되었지만 우리 삶 속에 뿌리 깊게 박힌 사고와 이념은 단기간에 쉽게 해결되고 변화할 수 없음을 보여준다.

크고 작은 교육장에서 관객에게 "이쪽에서 저쪽으로 이동해 주실 수 있나요?"라고 정중한 부탁을 하면 웅성웅성 소리가 들리며 언짢은 기색과 볼멘소리에 귀가 거슬린다. 짧은 거리이고 간단한 요청이지만 그것마저도 어벌쩡하며 난색을 표한다.

팔팔 끓는 물에 개구리를 넣으면 뜨거움에 놀란 개구리가 팔짝 뛰어나와 목숨을 건진다. 차가운 물에 개구리를 넣고 천천히 온도를 높이면 눈치채지 못하고 그만 죽어버리고 만다. 『변화와 혁신』이라는 책에서 자주 언급되는 내용이다. 개구리는 어리석음의 현실을 방관하고 기존 방식과 습성에서 헤어나오지 못한 우를 범해서는 안 되는 교훈을 전하고 있다.

영화 『인턴』(낸시 마이어스, 2015년)에서 노년의 벤 휘태커(로 버트 드 니로)는 젊은 사람 줄스 오스틴(앤 해서웨이)의 회사에 인 턴으로 일하며 말한다. "전 여기에 당신의 세계를 배우러 왔 어요." 한때 경영진의 최고 반열에 올랐던 그도 시대가 바뀌 었음을 인식하고 바뀐 세대에 발맞추어 현장을 찾아다닌다.

변화는 어렵지만 생존과 성공을 위해서는 필수적으로 갖추 어야 한다. 말하기도 마찬가지이다. 첫 자기소개 시간에는 총 명한 눈빛과 의지가 충만한 적극적인 성격으로 주목받는다. 시간이 흐르면서 포기하거나 준비도 미흡하여 개선의 여지가 전혀 보이지 않는 용두사미(龍頭蛇尾) 형태로 끝맺음을 맺는 수 강생을 자주 목도한다.

처음을 화려하고 거창하게 시작하면 오래 지속하지 못하고 포기하게 된다. 서서히 치밀하고 꾸준하게 능동적인 주체가 되어야 한다. 처음부터 많은 대중 앞에서 말하기보다 작은 모 임이더라도 자신감 있게 말할 수 있는 공간과 자리를 찾아야 한다. 더 나아가 나의 기운을 북돋아줄 수 있는 조력자가 존재 하는 것도 큰 힘이 된다.

강사를 하면서 한 달 이상 강의가 없다가 다시 단상에 서면 무척 떨리고 초조하다. 완성도 높은 강의를 위해 적어도 1주일에 한 번씩 대중을 대상으로 강의 일정을 잡는 이유다. 그래야만 더 나은 모습과 내일을 맞이할 수 있다.

나를 움직이는 건 지구가 멈추는 것만큼 어렵다고 말한다. 변화하고 싶어도 고정관념이나 편견에 사로잡혀 머뭇거리고만 있지 않았는가? 한 걸음 성큼성큼 내딛기보다 작은 소폭으로 팔굽혀펴기 1개부터 시작하며 나를 바꾸는 시동을 걸어보면 어떨까?

그게 교육생과 강사의 아주 작은 차이이다.

■ 고저장단의 변화로 내 감정을 제대로 전달하자

높임 강조	▶ 중요한 단어나 희망적인 내용을 말할 때 사용 - 자세: 두 다리를 적당히 벌리고 배에 힘을 주고 배꼽 아래 약 9cm에 　위치한 단전에서 힘이 나올 수 있도록 발음 - 연습 ① 우리가 노력한다면 코로나19는 곧 종식될 겁니다. - 연습 ② 쓰는 것만큼 잘 읽는 것도 매우 중요하다.
낮춤 강조	▶ 실패/좌절/절망의 경우 낮춤 강조를 사용하면 효과적 - 자세: 단어에서 느껴지는 자신의 감정을 실어서 낮춤 강조를 사용 - 연습 ① 인천에서 제주로 향하던 여객선이 침몰하였습니다. - 연습 ② 태풍 바비로 거센 바람과 동시에 집중적인 호우로 　주민들의 피해 상황이 심각합니다.
늘임 강조	▶ 모음의 길이에 변화를 길게 주는 것을 말함 - 활용: 의성어나 의태어로 나의 감정과 열정을 확실하게 표현 - 연습 ① 큽니다 큽니다 담장을 넘깁니다 홈~~~런 - 연습 ② 낯선 소리에 조마~조마
친친히 강조	▶ 중요 단어를 또박또박 끊어 천천히 전달하는 것을 말함 - 활용: 설명하기 복잡한 이론, 숫자, 이름, 지명, 연도 등을 전달할 　때에 표현 - 연습 ① 다윈의 이론을 알리고 발전시킨 토마스 헉슬리 - 연습 ② 수소 원자에서 주양자수에 따른 전자의 에너지가 발현

| Memo |

2. 무심코 자신감을 해치는 일상 속 습관

우리는 자기감정을 절대적인 것처럼 생각하지만
실제로 감정이란 습관에 의해 형성된 결과물일 뿐이에요.
결국 습관이 나를 이끌고 가는 거나 다름없지요.
습관이 우리의 운명을 결정짓는 겁니다.

– 법륜 스님

고달픈 인생과 고단한 하루를 소주로 달랬던 가장의 무게,
치열하고 혹독하게 일상을 씨름하며 버텼을 아버지. 쓴맛의
소주를 시름과 함께 털어놓고 삼키며 토닥토닥 위로받았던 초
록색 병이지만…

술은 고통스러운 세상을 사는 우리가 아플 때 찾지만 그건
중독이 된다. 아버지는 퇴직한 후에도 습관적으로 저녁을 드
실 때 자연스레, 우리말로 표현하자면 혼술을 하셨다. 운동량
은 부족했고 주량은 외로움에 비례해서 하루가 다르게 주량이
늘었다. 건강은 급속도로 나빠졌고 가족이 건강을 우려할 정
도로 적신호가 켜졌다.

술은 더 이상 친구가 아닌 이제는 함께 나아갈 수 없는 애달픈 적이 되었다. 아버지가 술을 찾는 날이면 술 주정을 듣기 싫어하시는 어머니와 그날은 꼭 사달이 난다. 어머니는 아버지의 건강이 몹시도 걱정되고 술을 이기지 못해서 흐트러진 아버지의 모습을 보자면 복장이 터져 잔소리를 실컷 늘어놓으신다.

건강검진 결과의 충격이 가시기 전에도 기분 탓을 해가며 찾는 술잔⋯ 속에서 어쩌면 더 이상 만날 수는 없지만 끊임없이 손 내밀며 찾게 되는 허전함, 공허함을 잊게 해주었던 동지임에 분명하다. 그 시간대만 이르면 자연스럽게 몸과 정신은 자석에 끌리듯 감정에 조응했다.

무심코 하는 일상생활 속 습관은 우리가 의식하지 못하고 자연스럽게 행동한다. 장점도 분명 있지만 나를 괴롭히고 더 나아가서 상대방의 감정을 찌푸리게 만든다. 적응을 빠르게 하면 자존감도 높아지지만, 나를 해치는 위험적인 괴물로 성장할 수 있다는 점을 기억해두자.

스피치 강사로서 말도 그렇다. 내가 의도하지 않았던 습관 단어가 긴장하거나 초조할 때에 입 밖으로 슬며시 새어 나오는 경우다. 진중하거나 고민에 빠져 진지하게 받아들이기도 하나 대부분은 귀에 거슬러서 화자의 말에 집중하지 못한다. 그때부터 딴청을 피우거나 심지어 자리를 뜨기도 한다.

습관 단어인 허사를 찾는 시도가 이뤄져야 한다. 친구나 가족, 가까이에 있는 애인에게 부탁한다. 혹은 핸드폰 등 전자기기를 활용해서 내 말을 곱씹는다. 단어나 말을 질질 끄는 버릇이 있다면 당장 바꿔야 한다. 잠시 숨 고르기를 통해 침묵을 하는 시도도 좋고, 자주 사용하는 단어를 바꿔서 말해보는 행동도 필요하다.

그다음은 나를 믿는 긍정의 힘을 길러야 한다. 영화 『행복을 찾아서』(가부리엘 무치노, 2006년)는 미국의 억만장자 크리스 가드너의 실화를 바탕으로 제작되었다. 크리스(윌 스미스)는 아내가 다섯 살 난 아들만 남겨둔 채 집을 나가 어린 아들과 지하철 화장실을 전전하는 노숙자 신세다. 우연찮게 고급 스포츠카를 타는 증권회사 중개인을 보고 증권회사 인턴십에 도전한다. 예기치 못한 불운이 닥쳐 면접 전날에 세금을 내지 못해 집 안에 페인트칠을 하고 있던 그는 복장 그대로 유치장 신세를 진다. 면접 날이 되어 옷도 갈아입지 못하고 꾀죄죄한 모습으로 곧장 면접장에 달려간다.

내가 그였다면 복장부터 면접관에게 따가운 눈총을 받아 마음이 불편하여 스스로 주눅 들고, 자신감이 부족해져 좋은 결과로 이어지지 못했을 것이다. 그는 나와 180도 달랐다. 오히려 절박함을 몸소 보였고 위기 상황을 기회로 바꾸며 당당한 자세로 위트까지 보였다. 자신을 믿고 주변의 시선, 타인의 부정적 판단을 눈 감았다. 크리스 가드너의 실화를 바탕에 둔 영화로 악조건을 투지 하나로 극복한 그를 '월가의 영웅'으로 기억하고 있다.

지금의 처한 상황이 열악하고 몹시 불편하더라도 자신을 받아들이는 것, 삶의 굴곡을 있는 그대로 따라가는 것 이번만큼은 분명 반향을 달리하라고 스스로에게 용기를 주어야 한다. 운명에서 도망가지 않겠다는 굳은 결의가 없다면 불가능한 일이다. 당신의 말이 빛나고 자유로워질 수 있는 날은 나를 굴레로서 방해했던 고정관념에서 탈피하는 날이다. 그날이 오늘이길 바란다.

■ 자주 쓰는 습관단어를 점검하고 감정단어를 늘려보자

▶ 습관단어를 자주 사용할 때에 상황

예시: 음, 어 아, 진짜, 솔직히, 예를 들면, 그런데, 혹시, 쩝쩝 소리 등

1. 기대치를 생각하며 멋진 말을 하려고 할 때
2. 정해진 시간에 쫓기고 있다고 느낄 때
3. 다음 말을 생각하려고 시간이 필요할 때
4. 말의 내용에 자신이 없거나 피하고 싶을 때

▶ 습관단어의 사용을 줄이는 방법

자신의 스피치를 분석해 어떤 상황에 습관단어를 주로 쓰는 지 확인		습관적으로 쓰는 말의 자리에 다른 행동(단어) 등을 넣음

⇒ 잠시 멈춰 미소를 지으며 시선과 몸의 방향 돌리기

⇒ 잠시 입꼬리를 올려 미소 짓기

⇒ 감정단어로 대체하며 말해보기

▶ 감정단어

걱정스럽다	든든하다	곤란하다	만족스럽다	믿음직스럽다
귀찮다	부럽다	서럽다	벅차다	반갑다
난처하다	두렵다	섭섭하다	속상하다	얄밉다
신나다	무안하다	불만스럽다	미안하다	뿌듯하다
억울하다	외롭다	불편하다	떨리다	원망스럽다
화나다	힘들다	측은하다	흥분하다	통쾌하다

3. 당신이 중요하다

'당신이 중요하다'는 제목만 보고 책을 읽는 독자 자신이 아니라 대화 상대를 떠올리지 않았는가? 우리는 상대에게 잘 보이고자 옷, 신발, 액세서리, 안경 등 외형을 돌보는 데 익숙하지만 분주함 속에 정작 나 자신을 꾸미는 데 매우 소홀하다.

출근 준비로 부산하게 오전을 보내고 직장에서는 업무로 바쁘게 지낸다. 업무가 밀리면 야간 근무도 불사한다. 집에 귀가하면 지친 모습으로 하루를 마무리한다. 매일 같은 일상이 대부분의 직장인의 삶이다. 시간이 흘러가는 것을 인지하지 못하며 가끔 뒤돌아보면 벌써 세월이 훌쩍 흘렀음을 느끼고 '세월이 참 빠르다'라며 세월을 원망하곤 한다.

활력을 넣어줄 새로운 습관이나 취미, 여가시간을 보낼 겨를도 없고 학교에서 배울 기회도 부족하였다. 스스로의 꿈과 장래를 치열하게 고민 없이 학업에 매달려 성년을 맞이한다. 부모에게 물려받은 무난한 습관은 평생 함께 했던 친구처럼 나의 일부를 긍정적인 변화로 이끌기도 하고, 스스로 날개를 부러뜨려 좌절하게 할 수도 있다. 좋은 연애 상대만큼이나 습관도 세상에 둘도 없는 단짝이 될 수 있다.

스피치는 일상 속에서 매일 하지만 왜 우리는 힘들어 하고 배우려고 할까? 무심코 행하는 습관 속에서 혜안이 있다. 스피치 고민을 갖고 있는 교육생과 대화를 자주 한다. 그들에게는 부정적인 마인드와 자신감을 떨어뜨리는 행동이 자주 목격된다. 만약 그들에게 자존감을 높여주는 습관이 있다면 내적 목소리를 키워 자신감과 내공 있는 당당함으로 무장할 수 있다고 판단하였다. 그리고 '내가 그랬다면 어땠을까' 하고 감정이입을 하였다. 그들이 지나간 삶의 모습을 소설의 한 장면처럼 눈앞에 생생하게 그리며 순간순간 느꼈을 법한 감정에 젖어든다.

"스피치가 어렵고 고민됐던 그들만이 간직한 추억의 과거사와 현재, 그 둘을 괴롭혔던 감정의 습관을 떠올리며 하루가 순식간에 지나간 적이 셀 수가 없다. 마치 마라톤을 쉬지 않고 힘겹게 뛰는 기분이었다."

그들의 삶을 음미할수록 꼭 물어보고 싶은 게 있다. "의무적으로 말해야만 하는 자리 혹은 공간에서 처음으로 직면한 심경을 한 단어로 표현할 수 있어요?" 그러면 공포감, 불편함, 회피 등 그 사람이 표면적으로 느낀 감정이 아닌 화자의 깊은 실체의 심정들이 두둥실 떠오른다. 불안 장애 예방의 특효약은 '습관'이다. 습관은 복잡다단한 감정을 자연스레 평온하게 만든다. 그래서 적합한 습관을 찾아주는 게 임무라고 여겼다.

가슴 깊이 간직한 깊은 상처를 가진 수강생들과 대화를 나누며 보듬어줄수록 마음의 빗장을 열고 슬쩍 들키고 싶지 않은 환부를 보여주었다. 상대와의 신뢰가 형성되지 않으면 불가능하다. 누구나 연약하고 취약한 부분을 솔직하게 꺼낸다는 것이 얼마나 어려운 일인지 잘 알기에 그 사람의 입장이 되어 고민을 풀어보고자 최대한 노력한다.

"좋은 부모는 아이가 가장 필요로 하는 게 무엇인지 깊이 생각한다. 아이에게 비싼 옷이나 장난감을 사주려는 것은 부모의 욕심이다. 비싼 장난감보다 퇴근 후 아빠가 30분씩 놀아주는 게 아이 정서 발달에 더 효과적이다. 부모의 잣

대로 아이를 보지 말고 아이의 눈높이에 맞춰 일관성 있는
양육 태도를 가지는 일이 진정한 부모의 역할이다.”

- 『4세 아이에게 꼭 해줘야 할 58가지』(중앙M&B 편집부, 중앙M&B) 중 발췌

남녀노소를 불문하고 상대방의 문제점을 보려면 그들의 눈
높이와 시각에서 실마리를 찾아야 한다. 먼저, 현재 위치에서
그들을 일관성 있게 바라보는 노력이 선행돼야 한다. 다음으
로 일상에서 나의 가치를 높여주고 토닥여주는 생활 습관을
개선하기 위해 노력한다. 대중 앞에서 말하기를 두려워하면
용감하게 리허설을 자주 하고 핸드폰의 녹음기로도 연습해 보
는 게 좋다. 실제 현장을 동일하게 연출하여 연습하면서 부족
한 부분을 끊임없이 채우고, 녹음기로 녹음하며 발표력 향상
과 자신감을 키워나간다. 반복된 노력은 체화되어 생소한 환
경 속에서 자유로워질 수 있는 성장의 동력이다.

반대로 일대일 대화 등 스몰토크에 취약하면 상대방의 취향
을 유심히 살펴보는 습관을 연마해야 한다. 배려와 공감, 상대방
에 대한 호기심은 서로에 어색함의 공간을 채워준다. 내 스스로
가 자신을 마주 보고 소통해야만 비로소 “무심했구나”라고 상대
의 성향을 등한시했던 자신의 부족함에 직면한다. 나를 돌아보
고 상대방의 작은 행동에 돋보기를 대고 주의를 기울여야 한다.

■ 나의 자존감을 높여주는 문장카드를 매일 10분씩 읽어보자

1. 상대의 마음을 알고 있다는 착각은 거절이나 불쾌감을 예방할 수 있을 거라는 안도감을 줄 수도 있지만, 실재하지 않았던 갈등을 스스로 만들어내기도 하는 것이다. - 김수현

2. 어떤 꽃이 돼라 강요하지 않아도 적당한 물과 햇빛만 주면 알아서 저마다의 꽃을 피운다. - 김수현

3. 만일 당신이 패배할 것이라 생각하면, 당신은 그럴 것이다. 만일 당신이 도전하지 못하리라 생각한다면, 당신은 못할 것이다. 만일 당신이 스스로 뛰어나다고 생각한다면 당신은 그런 것이다. 세상을 살면서 우리는 성공이란 한 사람의 의지에서 비롯된다는 사실을 알게 된다. 그것은 모두 마음의 자세에 달려 있다. - 월터 D. 윈틀

4. 사람은 슬퍼서 우는 것이 아니라 울어서 슬퍼지고, 즐거워서 웃는 것이 아니라 웃어서 즐거워진다. 우리 세대의 가장 위대한 발견은 사람은 자기 마음을 고치기만 하면 자신의 인생까지도 고칠 수 있다는 것이다. - 윌리엄 제임스

5. 남들이 당신을 어떻게 생각할까 너무 걱정하지 말라. 그들은 그렇게 당신에 대해 많이 생각하지 않는다. 당신이 동의하지 않는다면 이 세상 누구도 당신을 열등하다고 느끼게 할 수 없다. - 엘레노어 루즈벨트

6. 자신을 타인과 비교하지 않는 선에서부터 자신감이라는 씨앗이 자라게 된다. - 에이브러험 매슬로우

| 나를 행복하게 해주는 나만의 문장카드 |

1.

2.

3.

4.

4. 닮아가라

오랫동안 꿈을 그리는 사람은

마침내 그 꿈을 닮아간다.

– 앙드레 말로

〈집사부일체〉(SBS 예능)는 하루 동안 스승이 되어 그의 삶을 들어보는 예능 프로그램으로 젊은 층에게 인기가 많다. 출연하는 연기자들이 매력적이기도 했지만 '한 사람의 삶을 지루하지 않게 재미있게 풀어내는 방송'이라 주말 저녁 시간에 TV 앞을 사수하였다. 스승에게 선택받기 위해 좌충우돌 미션을 수행하는 모습이 흥미로웠다. 한 분야에서 최고로 우뚝 서고자 겪었던 남모를 고통과 역경이 시청자에게도 고스란히 느껴졌다. 매 회를 감동적으로 방송을 보면서 스승과 제자의 만남은 특별한 인연 이상으로 생각하게 되었다. 집사부일체는 '스승'이라는 단어가 없는 척박한 시대에 살고 있는 우리에게 신선한 의미를 주었다.

제자는 스승의 그림자도 밟아서는 안 된다는 옛 말이 있다. 스승은 마치 하늘과 같아 조선시대의 견고한 신분제에도 그들의 사이를 더욱 빛나게 하였다.

허균(許筠, 1569~1618)과 손곡(蓀谷) 이달(李達, 1539~1612)은 제자와 스승의 관계다. 허균은 얼자 출신 이달에게 시와 스승의 학문과 인품, 시속의 예법에 구애받지 않는 정신을 이어가고자 노력한다. 적서 차별과 같은 사회적 모순 철폐에도 적극적이다.

허균은 이달의 탁월한 시적 재능을 십분 존경하며 진정으로 예를 다하여 스승을 섬긴다. 허균은 스승의 시를 '천년 이래 절조'라 말하며 존중했다. 뒷날 허균은 이달의 글을 모아 『손곡집』을 편찬하고, 스승의 전기를 『손곡산 일전』에 담는다. 스승에 대한 남다른 존경과 기억이 없다면 명문가의 후예가 서얼 스승을 위해 창작한 것은 전세기 매우 드문 일로 꼽힌다. 허균은 그의 문체와 인품까지 스승 손곡 이달을 닮고자 하였다.

사제지간, 연인 관계에 닮는다는 건 사랑이고 오랜 시간을 같이 지내며 교감해야만 가능하다. 보통 연인으로 발전하기 전에 서로의 애정을 확인하고 싶어 한다. 소위 밀당을 한다. 잠시 말이 이어지지 않고 어색해질 때에 서로 마주 보며 같은 자세를 취하면 커플로 진전될 수 있는 청신호다. 여성이 턱을 괴니 남성이 자연스레 똑같이 턱을 괴었다. 테이블 아래에선

두 사람 모두 다리를 꼬고 앞발을 살살 흔들었다. 두 사람은 마치 거울에 비친 모습 같았다. 호감 가는 상대의 행동을 무의식적으로 따라 하는 것은 '미러링'이며 스승과 제자, 연인 사이에서 자주 볼 수 있는 양상이다. 호감 가는 상대를 자기도 모르게 따라 하는 것, 좋아하는 감정이 몸에서 숨김없이 발산된다.

부부도 그렇다. 같이 살면서 내가 배고파하면 한두 시간 전에 이미 먹었는데도 숟가락을 들고, 졸리다고 누우면 어느샌가 내 옆자리에 따뜻한 온기가 자리한다. 내가 웃으면 함께 웃고 내가 슬프면 함께 운다. 이유도 모르면서 우리 부부는 서로 줄곧 따라다니고 행동과 감정을 나누었다.

아내는 즐거울 때 '흡족스럽다'라는 말을 습관처럼 자주 언급했다. 칭찬하거나 재미있는 장면에서도 무심코 나온다. 감정 단어에 관심이 많았는데 평소 듣기 힘든 단어를 사용하는 그녀가 신기하기도 하고 발음을 눌러서 강조하는 그녀를 볼 때마다 사랑스러웠다. 함께 지내면서 나도 모르게 붕어빵처럼 말씨도 닮아간다.

호감을 얻는 방법과 새로운 일(취미)을 시작할 때에는 꼭 알아두면 유용한 정보가 있다. 바로 동경하는 상대를 따라하고 모방해야만 수월하게 목표에 이를 수 있다는 것이다. 창조는 신의 영역이고 모방은 창조의 시작이다. 한 분야에서 두각을 나타내고 새로운 형상물을 만들기 위해서 자기계발 전문가는 모방을 강조한다. 세계 최고의 삼성전자도 일본 전자 기술을 흉내 내었고, 애플도 끊임없이 기능과 디자인을 단순화하고 모방하면서 세계 최고의 혁신적인 기업으로 인정받았다.

"아무 것도 모방하려 하지 않는 사람은
그 무엇도 만들어 내지 못한다."

– 살바도르 달리(초현실주의 화가, 스페인)

첫 강사가 되어 교육을 할 때의 더없이 좋은 교안은 유튜브 (동영상 공유 서비스)이다. 유튜브 속 강사의 말투와 반응, 대처들을 유심히 살피고 따라한다. 심지어 행동과 표정을 재현하면서 그 사람의 생각이나 감정을 이해하기 위해 노력한다. 대본을 그대로 적어서 계속적으로 거울을 보고 연습 또 연습한다. 잠결에도 연습한 것들이 술술 입 밖으로 나오게 되면 연습은 끝이 난다. 그 결과는 예측할 수 있다. 보란 듯이 대성공이다. 마법처럼 영상 속 주인공이 되어 무대를 뒤집어 놓는 당신을 발견하게 된다.

무대에서 기준과 목표를 정하면 성장이 빠르다. 나도 □□ 대학교 레크리에이션 졸업 박람회, 김창옥 강의를 수없이 봤다. 그와 같은 표정과 말투, 제스처를 취하면서 말이다. 우리는 닮아있다. 모든 이치는 같다. 잘하기 위해 따라쟁이가 되어야만 꿈과 흡사해진다.

당신의 열정이 스피치 고수의 길로 안내할 것이다.

전에 계룡대라는 곳에 강연을 한 적이 있는데요. 참모총장이 있고 장군님들이 계시고 강의가 끝났습니다. 그런데 대령이신 분이 우리 장군님 없이 편안하게 팥빙수를 먹자고 하시더라고요. 그래서 팥빙수를 먹는데 저보고 이렇게 말씀하시는 거예요? "김선생, 전쟁이 일어나면 무엇이 좋아야지 군인들이 이기는지 알아요?" 그래서 제가 "첨단 무기 아닙니까?" 그랬더니 "그건 아니에요. 첨단 무기를 다루는 사람이 누구입니까? 군인입니다. 전쟁에서 승리를 하려면 첫 번째, 군기가 좋아야 합니다. 군기만으로 전쟁은 못합니다. 사기도 좋아야합니다." 군인이 전쟁에서 군기와 사기가 동시에 모두 높을 때에 전쟁에서 승리할 수 있다고 하시더라고요. 그리고 마지막으로 이런 말씀을 하시는 거예요. "저희 참모총장님이 들어오시면 군기가 올라갑니다. 그러나 사기는 떨어집니다. 저희 참모총장님이 나가시면 군기는 떨어져도 사기는 오릅니다." 지휘관의 참된 역량이란 것은 군기와 사기를 어떻게 동시에 올릴 것인지, 여기에 지휘관에 참된 역량이 있습니다. 그런데 그 얘기가 10년 가까이 지났는데도 계속 기억에 남고, 제가 또 작은 공동체의 지휘관이 되었을 때에도 그 생각이 나는 거예요.

나는 직원들의 군기만 잡는 사람인 것일까? 아니면 사기도 같이 올릴 수 있는 사람일까? 그래서 저는 사기를 올릴 수 있는 방법을 소개하고 싶습니다.

- 김창옥, 〈JTBC 뉴스룸 방송〉 중에서

| Memo |

5. 천릿길도 한 걸음부터

....

성공한 사람은 대개 지난 번 성취한 것보다

다소 높게, 그러나 과하지 않게 다음 목표를 세운다.

이렇게 꾸준히 자신의 포부를 키워간다.

– 커트 르윈

"선생님의 수업을 들으면 자존감이 커져요"

"발표할 때마다 부담감은 있지만 안 오면 초심을 잃은 스스로가 부끄러워 발길을 강의실로 향하게 돼요"

위의 이야기는 강의 계획서를 기교나 발성법이 아닌 자신을 진솔하게 드러내는 자아와 자존감에 중점을 두면서 수강생들에게 자주 들었던 말이다. 내적인 역량은 성과와 연관성이 높아 결과를 크게 좌우한다. 지도자로서 동굴 속에 숨어 나오기를 주저하는 수강생을 구호하는 게 임무다. 거친 말투와 조롱이 아닌 따뜻한 온기와 배려 넘치는 말을 자주 건네야 한다. 자주 칭찬을 해주고 할 수 있다는 긍정적인 마음을 불어 넣어야만 무대에서 좋은 모습을 드러낸다.

나도 처음 강사가 되기로 결정하였을 때에 옆에서 내 도전과 선택을 지지해 준 스승이 있다. 작은 행동과 결정에 잘한다고 용기와 자신감도 북돋아 주시며 입에 침이 마를 정도로 극찬해 주셨다. 쑥스럽지만 미소와 함께 어깨가 들썩였다. 『칭찬은 고래도 춤추게 한다』는 책에서도 칭찬과 격려는 주변 사람에게 놀라운 영향력을 행사한다고 강조하고 있다. 엉금엉금 기어가는 아이가 걸음마를 하기 위해 수백 번 넘어지면서도 부모님의 박수와 관심으로 포기하지 않고 마침내 두발로 섰을 때의 순간을 떠올려보았다. 남녀노소 불문하고 칭찬의 힘은 굉장하다. 즉, 살면서 누구를 만나는가에 따라 인생이 변화할 수 있다.

한 가지 더 강조하면, 자신과 자주 만나 내면을 들여다보고, 일상에서 작은 성취감을 느끼는 게 필요하다. 대중 스피치를 배우러 온 수강생들에게 큰 욕심을 부리지 말라고 한다. 처음부터 100명 이상의 강의장에서 연사가 되기보다 소수의 인원이라도 무대에서 자주 말할 기회를 가져야만 막연한 두려움에서 벗어난다. 두려움이 긴장감으로 자연스레 변화되는 변곡점을 발견하기 위해서는 성공 경험을 가능한 많이 축적해야 한다. 불안할 때마다 '무대에서 넌 항상 잘 해왔잖아!'라고 자주 상기할수록 마음에 큰 안정감을 준다.

프로야구에서 □□팀의 연속 우승을 일궈내며 최고의 시즌을 보내고 있는 감독이 있다. 그는 경기라는 게 선수들이 매번 최고의 컨디션을 유지할 수 없고 상대편에서 뛰어난 작전으로 맞붙으면 이길 도리가 없다고 한다. 승산이 없을 때 감독의 역할이 크게 중요하다고 말하였다. 프로야구는 144경기를 치르는데 주전과 후보 선수 간의 기량 차가 적고, 팀의 미래가 될 선수를 잘 육성해야 꾸준히 상위권 성적을 유지할 수 있다. 비록 승부의 패색은 짙어졌지만 경기 내용의 특별한 의미를 부여한다. 감독은 부상과 슬럼프에 시달리는 선수들에게 1분, 1초의 경기 출전 기회를 부여하여, 주전으로 뛸 수 있는 새로운 희망과 더 나은 내일을 위한 준비를 할 수 있도록 지휘한다.

다시 말하면, 명장 반열에 오른 그의 지도 방식은 컨디션 난조였던 선수에게는 기량을 회복하도록 아낌없이 기회를 주고, 부상 선수에게 실전 감각을 되찾도록 비빌 언덕을 만들어주는 데에 있다. 그 덕에 선수층은 두터워 선의의 경쟁이 이루어지고 최고의 경기력을 선보여 높은 인기를 구사하고 있다.

최강의 팀을 꾸리는 감독은 조지 이론의 거장 칼 와익 교수가 주창한 '작은 승리 전략'의 개념을 실천하고 있다. 와익 교수가 말한 바를 스피치에 접목하면 "스피치는 우뚝 솟은 산이 아닌 작은 언덕에 불과하다고 여겨야 한다." 어떤 문제를 극복 불가능한 장애물로 인식하면 무력감과 불안함이 나를 초조하게 한다. 심해지면 굴복하여 손도 쓰지 못한 채 숙명으로 받아들인다. 이때 큰 도전 명제를 잘게 쪼개 작은 과제로 만들어 해결하기 시작하면 상당한 성취감과 안정감을 느껴 자신감과 도전 의지로 불태울 수 있다.

 스피치를 배운 사람을 두 부류로 분류하면 참아낸 사람과 참지 못한 사람으로 구분한다. 변화를 일궈낸 사람은 참아낸 사람이다. 어려움에 내성이 강하고 항상 긍정적으로 상황을 바라본다. 그들의 인내는 눈 질끈 감고 잠시 견디면 좋은 날이 온다는 부푼 희망을 현실로 재현했기 때문이다.

 대중 스피치는 어렵다. 인정한다. 하루아침에 획기적으로 변화하고 발전시킬 수 있는 큰 목표보다 당장 시행할 수 있는 작은 목표부터 점차적으로 이룰 수 있도록 나를 변화해보자.

■ 시간을 관리하여 꿈꾸는 이상과 가까워질 수 있도록
　일정을 관리하자

평소 시간관리를 하기 위해 사용했던 나의 일정 점검표이다.
본인의 상황에 맞게 변형해서 사용하자!

| 날짜: 2 ○ ○ ○년 ○ ○월 ○ ○일 |

▫ 해야할 일(1)

▫ 해야할 일(2)

▫ 해야할 일(3)

▫ 명언(나를 응원하는 한 마디)

▫ 감사일기

▫ 잘 쓰지 않았던 단어

※ 비고: 해야할 일을 완료하였으면 "■" 표시

일정 점검표 만들어 보기(실습)

| 날짜:　　　　년　　　월　　　일 |

▫

▫

▫

▫

▫

▫

▫

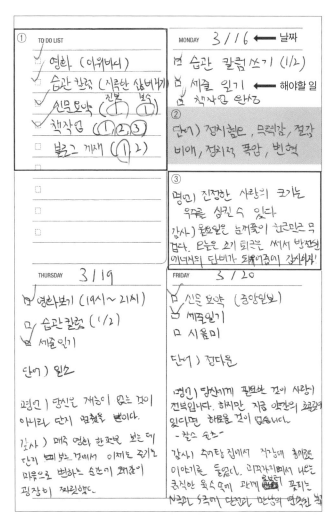

① TO DO LIST
- ☑ 영화 (아바바)
- ☑ 습관 칼럼 (지속한 삶에게)
- ☑ 신문 모약 (진보① 보수①)
- ☑ 책작업 (①,②,③)
- ☐ 블로그 게재 (①,②)
- ☐
- ☐
- ☐
- ☐

MONDAY 3/16 ← 날짜
- ☑ 습관 칼럼 쓰기 (1/2)
- ☑ 세결 일기 ← 해야할 일
- ☑ 책작업 완성

② 단어) 정치혐오, 무력감, 절망
비애, 정치적 폭압, 변혁

③ 명언) 진정한 사랑의 크기는
우주를 삼킬 수 있다.
감사) 월요일은 늘 께끗이 친구만큼 무
겁다. 오늘은 오기 퇴근 써서 방전된
에너지의 단비가 퇴근어줌에 감사하길!

THURSDAY 3/19
- ☑ 영화보기 (19시~21시)
- ☑ 습관칼럼 (1/2)
- ☑ 세줄일기

단어) 일2

명언) 당신은 재능이 없는 것이
아니라 단지 멈췄을 뿐이다.
감사) 매주 영화 한편만 보는 데
단지 삐 보는 것에서 이제는 즐기고
의미로 변하는 순간이 왜감이
굉장히 짜릿햇음.

FRIDAY 3/20
- ☑ 신문 모약 (중앙일보)
- ☑ 세줄일기
- ☐ 시음미

단어) 정다운

명언) 당신께 필요한 것이 사랑의
전부입니다. 하지만 지금 약간의 초콜렛이
있다면 해로울 것이 없습니다.
- 찰스 슐츠 -
감사) 족발탕 집에서 자가에 흥미롭
이야기를 들었다. 지짜거리에서 나온
근직한 목소리에 관심과 꿈틀는
N꾸과 5즉에 단엄과 만남의 연속인 책

① 일주일 동안에 했던 성과를 수치로 기록하여 목표를 이뤄감

② 어휘력을 늘리기 위한 신문 혹은 언론사에서 사용하는 단어 정리(다른 색 표시)

③ 감사일기와 명언을 적으며 알찬 하루를 다짐

6. 행복해야만 비로소 할 수 있는 것들, 습관

행복은 깊이 느끼고, 단순하게 즐기고
자유롭게 사고하고, 삶에 도전하고
남에게 필요한 사람이 되는 능력에서 나온다.

– 스톰 제임슨

사연 없는 인생은 없다. 누구나 자신의 인생을 글로 표현하면 한 권의 책이 된다고 하였다. 스피치 강사를 하면서 새로운 사람을 만나고 이 말을 실감했다. 많은 사람의 이야기를 들을 때마다 콧등이 시큰거리지 않은 날이 없었다.

그 가운데 거친 바다에서 표류하고 있던 교육생의 강연은 아직도 내 가슴에 응어리로 남아있다. 젊음이라는 열정의 불씨가 현실 앞에 한없이 초라하게 꺼지는 서글픔에 과거 내 모습이 떠올라 동병상련의 처지로 씁쓸하였다. 씩씩한 취업준비생의 모습만 단편적으로 보았다. 축 처진 어깨와 한없이 밝지 않은 표정 속에 그림자가 짙게 드리워진 이면을 발견하였다. 그때부터 인간 ○○○에게 눈길이 갔다.

그날 ○○○님은 처음 만났을 때의 풋풋한 소년 같은 이미지와는 너무도 달라 보였다. 무척 피곤해 보이고 흐릿한 눈동자가 심경을 대신 전하였다. 몇 달 전에 자격증 시험을 봤다는 이야기와 함께 낙타 바늘구멍만큼 희박한 가능성에 도전했던 그의 이야기도 들었다. 꿈을 향한 힘겹고 고된 일상이 고스란히 표정과 말 속에 묻어 있었다. 달콤한 연애는 꿈도 꾸지 못하고 알량한 자존심만 남았다.

한때 시골에서 태어나 서울로 유학을 갈 정도로 머리도 비상하여 장래가 촉망받는 청년이었다. 두 주먹 불끈 쥐고 시작한 고시생활… 꺾인 나뭇가지처럼 연거푸 낙방 소식을 듣게 되면서 형색이 초라해졌다.

자격증 공부, 공무원 시험, 일용직, 현장직 출장 근무. 돈이 수중에서 무섭게 떨어지면 다람쥐 쳇바퀴 돌 듯 다시 일을 하며 생계를 꾸려간다. 쓰고 벌고 반복하면서 지금의 삶이 즐겁기보다 자신의 모습에 실망하고 가족들의 기대에 부응하지 못해 스스로 자책한다.

거울 속에 비친 자신이 작아 보이고 우람했던 어깨도 무너진 채 축 처져 보였다. 힘든 순간들이 이어지던 어느 날 그는 나에게 괴롭던 속내를 비췄다.

청춘의 여정은 바람이다. 잠깐 들렀다 가기도 하고 그 시간과 공간이 머물기도 한다. 어린아이가 되기도 하고 성숙한 어른이 되기도 하는 변화무쌍한 시기이다.

망망대해에 표류하며 뭍을 향한 그리움, 그 끝을 바라보고 가기에는 무척 힘이 든다. 나침반 없이 스스로를 믿고 뚜벅뚜벅 걷는다는 강인한 정신력을 요한다. 결과가 불확실하고 무엇보다 안전도 보장되지 않아 간 졸이고 몹시 두려워 숨죽인다.

화살표가 향하는 방향대로 목적지에 이르는 사람이 얼마나 될까? 이어령 선생의 큰딸 이민아 목사는 공부를 잘하는 수재이고 미국에서도 부장검사까지 오른 대단한 자식이어서 평소 자랑스러웠다고 말한다. 그런데 그녀는 결코 행복하지 않았다며 속상했던 과거를 털어놓았다. '한국의 지성'으로 존경받는 그의 딸로 살아가는 게 얼마나 힘든지 딸의 말을 들으면서 선생은 가슴 아파했다. 물질적 보상과 찬란한 영예를 안았더라도 정신적으로 빈곤하다면 절반의 성공에 불과하다.

산의 정상에 오르거나 맹렬히 질주할 수 있는 근간은 내 마음속 풍요로움에서 비롯한다. 중도 포기할 때엔 스스로 즐겁지 않고, 행복한 스스로를 발견하지 못함이다. 나 자신을 자책하기보다 나를 흥미롭게 하고 두근거리게 만드는 일이 무엇인지 끊임없이 찾아야 한다.

타인의 잣대, 부모의 기준, 이미 세상 속에 옳다는 규범과 고정관념 속에 나를 억지로 끼워 맞추면서 꿈을 포기하게 되었는지 묻고 싶다. 『그릿(Grit)』(앤절라 더크워스, 2019년)에서 "성공은 타고난 재능보다 열정과 끈기에 달려있다."라고 말한다. 이때 불현듯 의문이 생긴다. 현재의 행복이 먼저일까? 지금은 즐겁지 않은데 참고 견뎌 행복한 자리에 서야만 행복한 것일까?

"나도 그렇게 살았고, 누군가에게 행동을 강요하고 기준에 맞추기를 강압하지 않았나?"

인생의 선배로서 동생과도 같은 후배들이 인생 조언과 멘토 역할을 부탁해 오면 가끔 곤란하다. 그들의 꿈과 희망을 더 커지게 응원해 주는 자질과 품성을 내가 충분하게 가지고 있는 사람인지를…

당신에게 고민을 권한다. 인생의 번영을 한 조각 더해줄 습관을 시도할 때에, '포기하는 나'를 보고 후회와 죄책감에 빠지기보다 내가 정말 이것을 하면 호기롭고 흥분할 것인가에 사고의 추를 과감하게 옮길 것을 제안한다.

그 ○○○가 각종 시험에서 떨어져서 불행하다고 느끼는 모습에서 애석함과 쓸쓸함이 스며들었다. 단지 본인과 적성이 맞지 않았던 일이어서 시험에 집중하지 못했을 뿐인데… 나중에 그는 분명 즐거운 일을 하며 믿음과 소망이 꿋꿋하게 자리를 지키며 후회 없이 버티고 일어설 것이다. 장담한다. 분명 흔들리지 않는 꽃은 결코 존재하지 않는다.

■ 스피치 연습을 생활화하는 습관 소개

1. 스피치 당일 입는 구두와 의상을 착용하고 연습

   * 걸음걸이 및 치수 확인

   - 걸음거리를 확인하고 정장을 입으면 자세가 변하므로

     연습과정 필요

2. 서 있는 부동자세 연습

   - 양쪽 발을 어깨 넓이 보다 약간 좁게 벌리고,

     두 다리에 골고루 힘을 줌

3. 손동작과 얼굴 표정 연습

   - 거울을 앞에 두고 말할 때의 얼굴 표정과 손동작을 연습

4. 시선 맞추기 연습

   - 집안의 가구를 각각의 사람으로 생각하고 말을 하면서

     시선을 분산

5. 무대 활용 연습

   - 서 있는 공간을 무대로 여기고 가구를 상대로

     이동하면서 연습

| 제스처 활용 방법 |

1. 손 제스처

- 말을 시작함과 동시에 사용하는 것이 긴장감을
  풀어주는데 도움
- 청중을 껴안을 정도로 팔의 너비를 크게 벌림
- 절도있게 하는 것이 필요함
- 허리 아래보다 가슴 위로 적극적으로 제스처 활용
- 손등보다 손바닥을 보이면서 말을 해야 함

2. 발 제스처(동선)

- 초반 3분 정도는 제자리에 서서 말하라

동선 뒤쪽 (객관적인 자료 설명 부분) 가급적 스크린과
가까운 자리에 있어야 함

동선 앞쪽 (주관적인 의견 피력) 물리적으로 청중과
가까워야 집중도가 상승

동선 좌우 (변화) 주제별로, 문단별로, 문장별로 구
분하여 천천히 이동해야 함

| Memo |

하루 10분만 투자하면 너도 할 수 있어!

'새로움을 위한 노력, 마음먹은 대로'

1. (단맛) 글을 음미하고, 질문하며 사설읽기
   - 글을 잘 쓰는 칼럼니스트의 필적을 흉내 내고 요약해보자

2. (신맛) 찡그리지 않고, 발음하며 또박또박 사설읽기
   - 몸짓을 활용해서 감정으로 연결하여 읽어보자

3. (쓴맛) 끈기 있는 엉덩이로 정리하기, 소통의 마법사
   - 신문 칼럼을 통한 3단계 요약 활용법을 연습하자

4. (매운 맛) 너를 피우는 단단한 작은 씨앗, 메모하기
   - 뇌를 단시간에 단련하는 메모 방법을 익히자

하루 10분만 투자하면 너도 할 수 있어!

『새로움을 위한 노력, 마음먹은 대로』

1. (단맛) 글을 음미하고 질문하며 사설읽기

어떤 일을 하기로 결심하면

24시간 안에 그 결심과 관련된

작은 일 하나라도 반드시 실천한다.

– 밴자민 프랭클린

대학교 시절부터 친한 친구가 있다. 코로나 여파도 우리의
우정을 막지 못해 주기적으로 만남을 이어갔다. 배려심, 우정,
인간미, 신뢰 등 벗으로서 큰 매력이 있었고 그게 인연의 고리

역할을 하였다. 10년 이상 만나고, 기숙사에 같이 살면서도 특별한 갈등이 없었다.

이러던 우리가 어느 칼럼니스트의 글로 갑자기 티격태격하기 시작했다. '1인 당 1.6개의 일자리를 선택'할 수 있다는 지표를 보며 일본의 경제는 완전 고용 상태이므로 호황기라고 주장하는 친구, 양질의 일자리가 아닌 공급 면에서만 바라본 일방적인 억측이라고 주장하는 필자… 커피숍에서 만나 서로가 주장하는 바를 말했지만 의견은 좀처럼 좁혀지지 않았다.

주의 깊게 말을 들어주지 않았던 그에게 시큰둥한 표정이 감지된다. 별 탈 없이 오랫동안 지내 와서 주의 깊게 자기 말을 들어줄 거라는 기대가 커서일까… 감정이 삐딱해진다.

"이제 친구를 저녁 먹고 몇 시에 어디서 만나는 거야?"
"너무 관심이 많네."

말하며 휙 하고 돌아서는 친구를 보며 집으로 가는 내내 발걸음이 무거웠다. 나 자신에게 '왜 그랬을까?' 그 사람의 주관적인 사고인데… 오만가지 생각이 들었다. 옆에 있던 아내에게 잠시 고민하고는 말했다.

"내가 듣고 싶은 것만 듣고 싶어하는 걸까?"

매달리며 붙잡을수록 더 멀리 떠나고 싶은 게 사람 마음이
니까. 무심한 듯 서로 잠시 거리를 두는 방법도 나쁘지 않겠다
고 생각했다. 혹시 내가 모르는 나의 문제가 있는지 아내와 심
층적인 대화를 나눈다. 아내는 말했다. "오빠나 친구나 모두
답이 정해져 듣고 싶은 것만 듣고 다른 사람의 말은 틀리다고
여기는데 세상에서 틀린 건 결코 없다."라고 하였다. '쿵' 하고
머리를 한 대 맞은 것 같았다. 정확한 표현이었다.
　불통의 반대말은 소통이고 더 성숙한 언어습관은 바로 공감
이다. 공감이란 'Empathy'로 속으로 들어가서 느낀다는 의미
가 어원이다. 그의 마음 깊은 곳을 어루만지거나 최소한 그럴
수도 있을 거라고 상대를 인정하는 자세이다.

　상대와 공감하며 말하기, 더 나아가 대중 스피치에서 신뢰
받기 위해서 무엇부터 할지 고민하다가 집어 든 것이 '신문 사
설 읽기'이다. 학생 때부터 귀에 못이 박히도록 들었던 장점
들⋯ 한 가지 사물이나 현상을 자신만의 색안경을 끼고 '하늘
이 노랗다', '하늘이 파랗다'로 관점을 덧입힌다. 그게 익숙해
지면 자신과 다른 '상대의 입장'에서 바라볼 수 있는 예리한
촉수를 갖게 된다. 현재의 나에게 가장 필요했다. 저절로 이루
어지는 건 결코 없다고 믿는다. 모든 말하기는 상대를 이해하

겠다는 원초적인 마음가짐에서부터 발원한다.

신문 칼럼을 읽고 정치인의 말 한마디, 일반적인 현상과 엄중한 상황 등을 예의주시하며 호기심을 가져야 한다. 많은 질문을 제기해야 한다. 다각도로 묻고 따지면서 아주 작지만 미세한 변화를 놓치지 않아야 하고 그 이유를 상상해보아야 한다. 그래야 진정 이해하는 길이 생긴다.

말은 단단한 집합체이다. 말의 내용만이 아니라 말하는 사람의 눈빛, 숨소리, 손짓, 목소리 나아가 세세한 감정도 포함되었으니 상대방의 논리를 머리로 간파하고, 눈으로 그 사람의 눈빛을, 귀로 숨소리와 목소리를 느껴야 한다. 모든 것에 관심을 가지고 이해할 수 있는 호기심으로 똘똘 뭉쳐야만 마음의 무늬를 어루만질 수 있다.

소개팅에 처음 나오면 동선, 음식점, 질문거리, 에피소드 창고를 준비한다. 설레는 감정을 기지고 상대에 대한 질문과 눈과 귀, 머리, 가슴을 뛰게 하는 이성을 만났다고 상상하며 그 모든 것을 청중에게 집중한다. 핸드폰을 끄고 오로지 그들의 진심을 듣겠다는 설렘으로…

그래야만 그들의 가슴속에 한발 더 다가간다.

■ 글을 잘 쓰는 칼럼니스트의 필적을 흉내 내고 요약해보자

〈원본〉 21.00.00 신문사		①원본 ②요약
저자명	제목	

1) 그대로 내용을 필사하기

2) 요약본으로 만들어보기

2. (신맛) 찡그리지 않고, 발음하며 또박또박 사설읽기

아름다운 눈을 갖고 싶으면
다른 사람들에게서 좋은 점을 보아라.
아름다운 입술을 갖고 싶으면 친절한 말을 하라.
또한 아름다운 자세를 갖고 싶으면 결코
너 자신이 혼자 걷고 있지 않음을 명심해서 걸어라.

– 오드리 햅번

어린 시절 수줍음을 많이 타는 말 없는 소년이었다. 지금과는 비교도 안 될 만큼 내성적인 성격. 군대에서 우연히 예비군들 일일 조교를 하며 스피치와 인연을 맺었다. 예비군 선배가 나의 남다른 음색과 호소력, 나에겐 '특별함'이 있음을 한눈에 간파하며 '강사'라는 직업을 소개했다. 예상하지 못한 재능, 앞에 서서 말하기보다 뒤에서 밀어주고 도와주는 게 편했던 나였다.

"단무지 더 주세요!"
"새치기 하시면 안 돼요!"

내 성격상 말하기 곤란하고 어려웠다. 스스로가 한심하고 답답하여 울기도 했다. 관계 속에서 끙끙대며 참을 수 없는 분노와 치욕이 들끓었다. 부모님이 사랑해 주시고 붙잡아주시지 않았다면 소극적인 아이로 평생 자랐을 것이다.

시꺼멓게 탔던 가슴을 뒤로 하고 새로운 내 모습을 알게 되어 제대 후에 가장 먼저 한 일은 스피치 강의를 수강 신청한 점이다. 발성, 호흡, 발음 연습하고 노하우를 배우는 게 재미있었다. 모의 시강(실제로 자료를 준비하여 모의로 강의), 즉흥 스피치도 떨지 않고 즐겼다. 제일 잘해야겠다는 것을 목표로 두지 않았고, 남과 자신을 비교하지 않았으며, 지나친 경쟁의식이 있는 것도 아니었기에 긴장하거나 스트레스 없이 즐거웠다.

"네 달 동안 수업 중에 실력이 일취월장한 사람은 손에 꼽는데 자네가 거기에 속해"라며 강사님께서 칭찬해 주셨다. 나와의 싸움으로 힘든 연습을 견뎌낸 나에게 선물 같은 순간이었다. 매일 신문 사설을 큰 소리를 내어 또박또박 읽었다. 감정이입하여 주인공이 된 것마냥 격정적으로 감정을 표현하기도 하였다.

강사님은 현재에 만족하기보다 앞으로 실제 강의를 할 수 있도록 도와주셨다. 대전을 떠나 대구에서의 강사 생활은 쉽지 않았다. 한 단계 올라섰다고 안도의 한숨을 쉬기엔 일렀다. 또 다른 시련이 길목을 지키고 있었다. 바로 미래에 대한 걱정이었다. 학비를 벌고자 휴학을 했지만 수입은 불규칙했으며 어둡고 습한 공간에서의 삶은 고향을 떠난 이방인의 몸과 마음을 돌덩이처럼 굳히기에 충분했다. 삶이 우울하게 다가왔다. 말을 잘하기 위해 강사가 되었지만 발군의 실력을 가진 강사들 사이에서 존재감을 드러내기에는 역부족이었다.

강사의 꿈을 잠시 접고 대학교를 졸업하며 취업을 하였다. 비록 다른 일을 했지만 가슴 한쪽에는 아쉬움이 남았다. 그래서 잠깐의 겨를이 생길 때마다 사설을 읽고 소리 내서 말하기를 3년 동안 꾸준하게 이어갔다. 회사에서 '재능 기부'로 했던 강의도 소수 인원이 대상이었지만 분명 나를 행복하게 해주었다. 앞이 깜깜한 망망대해 속에서 거북이처럼 인생을 더디게 살았지만 강사라는 직업을 차분히 생각하고 이해할 수 있는 시간이었다.

하루 30분간 매일 사설을 읽으면서 거울을 쳐다보고 무대에서 말하는 모습을 상상하기 시작하였다. 녹음기로 내 목소리를 듣고 제한된 시간 속에서 말하였다. '사설 읽기'가 습관이 되고 말하는 두려움은 사라졌다. 전체적인 문장 구조를 스스로 파악하며 말과 글에 탄탄한 논리를 덧입혔다, 상황을 객관적으로 바라보고 주도하는 힘이 생겼다.

자신을 받아들이는 것, 삶의 굴곡을 있는 그대로 따라가는 것, 그것은 분명 용기를 필요로 한다. '할 수 있다!'는 마음가짐으로 묵묵히 나만의 굳은 의지가 없다면 말하기는 결코 잘할 수 없다.

소리 내서 자주 말해보라. 그것이 나를 강사로 만들었고 습관 속에 나만의 '삶의 의지'가 지금도 빛나게 한다. '사설 읽기'를 통해 문장을 보고 나와 결합하여 대중과 소통해보자.

■ 몸짓을 활용해서 감정으로 연결하여 읽어보자

여러분, (양손 활용)엄홍길 대장 다들 아시죠? 네, 바로 (엄지 척)세계 최초로 히말라야 16좌를 완등한 사람입니다. 그런데 여러분은 그의 (엄지와 검지로 맞대며)좌우명이 무엇인지 아십니까?

(고개를 갸우뚱)모르신다고요? (두 손 활용)제가 알려드리겠습니다. 바로, (양손을 번갈아가며 사용)'자승최강'입니다.

(손등을 보이며)이 말은 '자신을 이기는 것이 가장 강한 것이다'라는 의미를 가지고 있다고 합니다. 엄홍길 대장, 그가 싸운 것은 바로, (양손으로 산 모양)에베레스트 산이 아니라 (가슴에 손을 올리며)자기 마음 속에 거대한 산이었던 거죠. 자 어떻습니까?

(두 손을 불끈 쥐며)이제 우리가 싸워야 하는 상대는 바로, 실패와 좌절입니다.

'자승최강'을 되새기며 오늘을 딛고 일어섭시다.

(자신을 가리키며)제가 '나를'이라고 외치면 (대중을 지목하며)여러분은 '넘어서자'라고 힘차게 외쳐주시면 감사하겠습니다. '나를!'

(다같이) '넘어서자'

오늘 (양손 활용)세계에서 가장 훌륭한 대학 중 (엄지척)한 곳을 졸업하는 (양손 활용)여러분과 함께 이 자리에 선 것을 (가슴에 손 얹기)영광스럽게 생각합니다. 저는 대학을 나온 적이 (고개를 저으며)없습니다. 사실대로 말씀드리자면 저로서는 이 자리가 대학 졸업에 가장 가깝습니다. 저는 오늘 여러분께 제 인생의 (손가락으로 3을 지칭)세 가지 이야기를 말씀드리고자 합니다. (웃으며)별 것은 아닙니다. 세 가지입니다. (검지를 피며)첫 번째 이야기는 점의 연결에 관한 것입니다.

저는 리드 칼리지를 (천천히)6개월 다니고는 그만뒀습니다. 바로 그만둔 것은 결코 아니죠. (천천히)18개월가량 청강생으로 주변을 (저음)맴돌았습니다. (강조)제가 왜 중퇴했을까요?

| 유의사항 |

1) 위에 전문을 소리내어 읽어본다.

2) 어디를 강조할지 스스로 정해본다.

3) 제스처를 소리에 입혀본다.

3. (쓴맛) 끈기 있는 엉덩이로 정리하기, 소통의 마법사

다른 사람을 기쁘게 만들어 보세요.

자신이 할 수 있는 일이 무엇일지.

어떻게 하면 다른 사람이 기뻐할지 고민하고

그것을 행동에 옮기는 겁니다.

그렇게 하면 슬픈 생각이나 불면증이 없어지고

모든 것이 해결될 것입니다.

– 알프레드 아들러

사람은 감정을 느끼고 감정은 말을 하고 싶은 욕구를 만든다. 친구 중 한 명은 우리 사이에서 '수다맨'으로 통한다. 대화가 오가는 중간에 상대방에게 말할 틈을 허용하지 않고 쉴 새 없이 말을 쏟아낸다. 마음의 벽을 허물고 하는 깊은 대화가 성사되기보다 원론적이고 상투적인 주제로 말이 오간다.

깊은 대화는 내 삶을 충만하게 하고 신뢰에 결정적인 작용을 한다. 상대와의 대화에 집중하는 게 무엇보다 중요하다. 나의 욕구를 내려놓고 상대의 감정에 귀를 기울여야만 한다.

아나운서 정용실 『공감의 언어』(한겨레)는 550회가 넘는 단독 인터뷰를 하였다. 읽으면서 사연 없는 인생은 결코 없다고 느꼈다. 그들과의 짧은 인터뷰를 해오면서 찰나의 표정과 감정을 포착하고자 노력하는 모습이 보였다. 그녀는 숨을 깊이 들이쉬고 하나도 놓쳐서는 안 된다는 각오를 다졌다고 한다. 이런 숨은 열정과 진심이 상대로 하여금 자신의 상처를 용기 있게 드러내고 깊은 대화가 성사되는 열쇠라는 걸 알게 되었다.

듣기란 '내 마음의 공간에서 상대의 자리를 내어주는 행위'이다. 철학, 관념, 세계관, 존재 등 나를 이루는 자아까지도 밀어내야만 상대방이 들어올 수 있다. 다른 사람이 공간을 채울 수 있도록 나를 내려놓아야만 한다. 그래야 그들의 몸과 마음을 진정으로 이해할 수 있는 길이 열린다.

인터뷰 장면을 보면 그녀는 상대에게 몸을 기울이며 집중하고 있다. 말을 요약하고 불편하지 않게 깊은 내면을 들을 수 있도록 질문하며 상대를 배려한다. 귀를 쫑긋하고 능동적인 듣기로 진정으로 상대를 이해하고 있다.

처음 '강의'를 할 때엔 어려웠다. 젊은 나이에 강사를 해서인지, 풍부한 경험을 모두 해보지 못해서인지 그들의 마음을

척하면 척하고 알아듣지 못했다. 그땐 정형화되지 않은 '진행'
이라는 걸 처음 맡아서 어려운 걸 거라고 생각했다. 그래서 강
의가 끝나면 업계에서 내로라하는 뛰어난 강사의 프로그램을
하루 종일 들여다보았다.

내가 내뱉는 멘트 일부는 그들의 상황을 정확하고 날카롭게
묘사하지 못했다. 상황에 따른 내 감정도 무엇인지를 명료하
게 정의 내리기가 어려웠다.

> "말을 '혀'로만 하지 말고
> '눈'과 '표정'으로 말해라!"
>
> – 국민 MC 유재석(개그맨)

스피치 교육을 하면 모의 시강(실제로 자료를 준비하여 모의로
강의) 때 교육생이 본인의 이야기를 말하고 제자리로 돌아간
다. 듣는 청중과 앞으로 나오게 될 발표자 모두를 위해 연사는
간략히 2~3문장으로 이전에 있었던 일을 정리하고 더 나아가
내 생각을 가미하면 행사의 품격을 높일 수 있다.

공식행사나 프레젠테이션 쇼를 보면 사회자는 단락이 끝난 후
에 발표자가 주장했던 내용이나 감명받은 문장 등을 인용하는

것을 쉽게 볼 수 있다. 상대에게 집중해야 가능하고 더 나아가 상대방이 언급하고자 한 의도가 담긴 핵심 메시지를 파악해야만 한다. 평소 신문이나 영화 등을 요약하는 연습이 기반 되어야만 집중력을 키울 수 있다.

대중 스피치 강의를 하면서 상대방의 말을 간추리거나 흥미롭고 관심 있는 기사를 2~3문장으로 줄이는 훈련법을 소개한다. 온전하게 상대방을 집중하고 미묘한 감정을 이해하기 위한 첫걸음이다. 평소에 긴 문장을 요약하고 정리하는 열의는 분명 당신을 품위 있는 연사로 인도할 것이다.

■ 신문 칼럼을 통한 3단계 요약 활용법을 연습하자

신문 제목: [강준만 칼럼, '20.8.2.] 누구를 위한 그린벨트인가?

1. 문단별로 말하고자 하는 바를 키워드로 정리해본다.

※ 문단별로 핵심 키워드는 검은 색으로 에피소드(근거)는

빨간색, 저자의 주장은 분홍색으로 표시한다.

1문단	2문단	3문단	4문단
서울 부동산 가격 폭등	태릉골프장 부지	그린벨트는 국민의 믿음	미국 캘리포니아주 몬터레이 카운티 사례
그린벨트 해제 찬반 논란	강남에서 태릉으로 변경	리얼미터 조사(해제 반대 60.4%)	아름다운 자연환경
대통령 기자 회견	균형발전 개념 의문	선택적 수호론	흑인인구 급감

5문단	6문단	7문단	8문단
한국에서의 인구 증가 추세	판자촌 강제철거 대상	과거와 현재가 동일	무주택자와 빈곤자에게 그린벨트의 정의 재구축
건설부 고시 제447호	천박한 아름다운 도시	강남의 진입 투쟁	
박정희 최대 걸작 이면에 잔인한 모습	집단행동 차단과 부동산 가격 폭등의 근원	강남을 덜 살기 좋은 곳으로 만드는 발상의 전환	
주제: 서울의 과밀화와 집중화가 심화되는 대한민국에서 그린벨트는 모든 계층에게 호혜적인 정책인가?			

2. 에피소드 혹은 키워드를 3개로 줄인다.

①무주택자와 빈곤자에게 그린벨트의 정의 재구축 ②건설부 고시 제447호 (우리나라 판자촌 강제철거 대상) ③미국캘리포이나주 카운티 사례

3. 스토리 연결하기

무주택자와 소외계층에게 그린벨트 지정으로 묶이면서 부동산 값이 폭등하여 내 집 마련은 그림의 떡이다. 1971년 7월 건설부 고시 제447호로 태어난 그린벨트로 서울 변두리에 즐비했던 판자촌이 사라졌다. 미국에서도 캘리포니아주 몬터레이 카운티에서 아름다운 자연환경을 후대에게 물려주기 위해 그린벨트를 지정했지만 반대로 취약계층이였던 흑인 인구의 급감으로 이어졌다. 그린벨트 지정이 후손 세대에게 터전을 제공하기 위함이지만 취약계층의 내 집 마련의 꿈은 까마득한 미래로 남게 되었는지 고민해보자!

4. (매운 맛) 너를 피우는 단단한 작은 씨앗, 메모하기

지금부터 20년 후에 너는 네가 한 일보다
하지 않은 일 때문에 더 실망하게 될 것이다.
그러므로 돛을 올려라.
안전한 항구를 벗어나 멀리 항해하라
돛에 한가득 무역풍을 실어라
탐험하라. 꿈꾸어라. 발견하라!

– 마크 트웨인

〈팬텀싱어〉(JTBC 예능)는 가창력은 뛰어나지만 유명해지지
못한 실력파 보컬리스트의 순위를 매기는 오디션 프로그램이
다. 성악, 뮤지컬, 국악 등 다양한 분야의 실력자들이 출연하
여 다채로운 매력을 드러내면서 치열하게 경쟁하는 게 볼만하
다. 따뜻한 감성과 냉철한 관찰력으로 참가자들의 장점을 끌
어내는 심사평도 인기에 한몫했다. 한 매체에서 출연자 모 가
수와 인터뷰 중 기억에 남는 대목이 있다. "현실에서 접목 가
능하고 깊은 울림을 주는 모 프로듀서의 평을 대본에 적어서
자주 가져간다."라고 언급했다. 메모는 지나가는 시간을 붙잡

아두며 곱씹을 수 있고, 부족한 부분에 자양분이 되기도 한다. 그녀가 가창력 있는 가수로 성장하고 음악 세계가 단단할 수 있는 비결은 꾸준한 연습과 순간 떠오르는 영감을 기록하는 메모 습관에서 비롯되었다고 여긴다.

비틀즈(영국 가수)의 폴 매카트니가 히트곡 '헤이 주드'(Hey Jude)의 가사를 직접 손으로 쓴 메모가 경매에서 73만 1,000 파운드(우리 돈 환산 약 11억 611만)에 낙찰되었다. 폴 매카트니는 비틀스의 멤버 존 레논이 이혼한 후 이들 부부의 아들 줄리안을 위로하기 위해 곡을 썼다. 위대한 작품은 고뇌와 고민을 거쳐 평범한 일상 속에서 끄적이는 메모에서 탄생한다. 열정과 진심이 담긴 메모로 여기기에 가치를 인정받았다.

대학교에서 취업특강을 하면 취업 준비생이 가장 많이 하는 질문은 자기소개서나 면접을 어떻게 하면 잘할 수 있는지 물어본다. 그럴 때마다 내 생각과 지금까지 겪었던 경험과 사례를 적어보고 떠오를 때마다 메모하는 습관을 강조한다. 대학교 교직원, 협회, 공기업에 입사할 수 있었던 비책이다. 말은 면접 경험이 많다고 술술 잘 하는 게 아니다. 고민하고 고뇌해야만 진심성이 묻어난 답변을 구사할 수 있다. 오래 묵을수록 장맛도 깊어지는 것처럼 끄적이고 퇴고할수록 말의 사고도 깊어진다.

고 노회찬 의원은 핵심을 관통하여 상황을 발전시키는 간결한 말로 세간의 이목을 끌었다. 언론을 통해 말을 잘하는 비결로 자신의 생각과 다른 사람의 논리를 경청하고 잘 메모하여 정리하고 모아서 외운다고 밝혔다. 기록하면서 온전히 이해하고 내 것으로 만드는 내면화 과정의 필요성을 재차 강조하였다.

스피치 수업을 하면 교육생이 발표 시연을 하기 전에 의식행사로 꼭 빈 종이에 말할 소재를 세 가지 키워드로 작성할 것을 먼저 주문한다. 보통 내 이름이 호명되기 전에는 떨리기도 하고 어색하기도 하고 표정에는 긴장감이 가득하다. '메모하기'는 무거웠던 마음을 비워내 스트레스가 감소하고, 요약한 내용만 집중하면서 잡념도 사라지고 개념을 단순화하여 덩달아 자신감도 높아진다.

분명한 목표를 가지고 적극적으로 활용할 때에 메모의 진정한 가치를 느낀다. 뒤죽박죽 머릿속에 떠다니는 생각을 아날로그적으로 적어보면 사고를 체계적으로 형성하고, 몰랐던 복잡한 감정도 잠재워 자신감으로 가득한 자신을 발견한다.

언변이 뛰어날수록 복잡한 뇌를 누가 먼저 간단하고 쉽게 만드냐에 따라 성패가 결정된다. 덧붙여 타인의 삶 속에서 상상하고 느끼면 말의 군더더기는 자연스럽게 짧아지고 핵심만 전달하게 된다. 마음을 담아야 하고 소리를 제대로 이해함을 넘어서 그 소리를 내는 상대의 마음을 헤아린다면 말의 향기가 난다.

사소해 보이는 메모 습관은 말을 잘하고 상대를 배려하기 위한 통과의례다. 경험과 변화를 생생히 경험했고 그 사소한 습관이 나를 강단으로 설 수 있게 해주었다고 해도 과언이 아니다. 작은 메모는 씨앗이 되어 내 말과 사고를 훨씬 더 크고 정교하게 확장 시켜주었다.

여러분의 지갑과 함께 메모 노트도 당신의 스피치를 여유롭고 풍요롭게 만들어 줄 것이라고 확신한다.

■ 뇌를 단시간에 단련하는 메모 방법을 익히자

방법: **검은색**은 책 속에 담긴 내용을 쓰고, 분홍색은 읽고 난 후의 느낌, 빨간색은 마지막으로 정리하고자 하는 말을 담아야 한다.

그림 1. 도표나 그래프가 있을 경우 메모의 형태

2020.8.5. 〈조직의 변화를 이끄는 사내강사의 모든 것, 동영상 강의 3강 시청〉

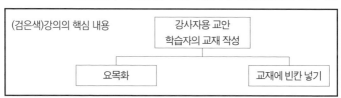

(검은색)강의의 핵심 내용　　　　강사자용 교안
　　　　　　　　　　　　　　　　학습자의 교재 작성

요목화　　　　　　　　　　교재에 빈칸 넣기

(분홍색)듣고 난 후의 느낌

(내용) 키워드로 분류해서 나눠야만 화자도 기억하고 듣는 청자도 생각의 지도를 그릴 수 있다.

(내용) 적는 행위 없이 귀로만 일방적으로 들으면 수업이 지루하고 집중하기 어렵다. [　] 빈칸을 넣으면 내용을 채우고자 하는 동기부여가 생겨 청자를 온전히 집중하게 한다.

(빨간색)정리하고자 하는 말

1) 키워드로 분류하면 PPT의 내용도 함축하게 되어 시각적으로 간단명료하고 외우기도 용이하다. 내용을 구구절절하게 모두 담는다면 PPT와 교재가 지루하게 느껴져 감동적인 강사가 되기에는 무리가 있다.

2) 교재에 빈칸 채우기는 자율성을 부여하는 측면에서 적극적인 청자에게 고도의 집중력을 가져온다. 하지만 비능동적이거나 의무적으로 강의실에 방문한 청자에게 긍정적인 자극이 되지 못한다. 만약 나중에 이 주제에 호기심을 가져 교안을 다시 찾더라도 큰 의미가 없다. 빈칸 채우기는 하고자 하는 말에 몇 군데 일부 한정하고 게임 등을 혼합하여 사용하면 흥미로운 지도법으로 탈바꿈할 것이다.

그림 2. 일반적인 독서 후 메모의 방향

2020.6.1. p67~79 〈역사의 쓸모, 최태성〉

(검은색)주요 내용

역사 속에 정약용은 정조 임금과 다양한 내기를 하며 함께 시간을 보낼 정도로 가까웠다. 군신 관계라 보기에는 마음을 나눈 막역한 사이였다. 정조는 정약용에 다재다능하고 충성스러운 학자라 여겨 개혁의 토대를 함께 다졌다. 그런 그에게는 치명적인 단점이 존재했다. 바로 그의 집안은 조선에서 금하는 천주교를 믿었다. 그를 탄핵하라는 상소가 빗발쳤고, 더 이상의 혼란을 막고자 귀향을 보냈다. 그는 정조 임금의 부름을 기다렸고 마침내 편지를 받았으나 그가 돌아오라고 약조한 날 하루 전에 임금은 죽게 된다. 이제 한양으로 돌아갈 수 없음을 자각하고 오히려 책 쓰는 일에 몰두한다. 정약용의 과거 행적에 대해 필자는 역사 속에서 지금도 기억되는 그의 역사관의 깊이 탄복했다. 아들에게도 인생관과 가치를 몸소 가르치며 후대에서 세상과 국가를 위해 살 것을 편지와 책을 통해 당부한다.

(분홍색)책을 읽고 난 후의 느낌

정약용은 중고등학교 교과서에서 르네상스의 레오나르도 다빈치와 같은 여러 방면에 두루 활약을 펼치고 조선 후기 실학을 집대성한 인물로 평했다. 업적만 두각되어 그에게 고난이 존재할 거라고는 꿈에도 상상하지 못했다. 그 많은 책을 저술하기 위해서는 혼자 힘으로는 결코 불가능해 집현전 학자들이 물심양면 도우며 뒷받침할 거라고 여겼다. 입이 떡 벌어지게 역사부터 지리, 도덕, 의학까지 못하는 게 없는 천재다. 책에서 "자신이 지금의 생각을 남기지 않는다면 후세 사람들은 사헌부의 재판 기록만 보고 자신을 죄인 정약용으로 기억할 것이라는 거죠. 그래서 끊임없이 기록하겠다는 것" 이라는 문장을 보고 상황에 망연자실하지 않고 역사와 후대, 가까이는 자손들에게 떳떳하고자 용기와 신념에 감명 받았다. 교과서에 한 줄 속에 알지 못한 숨겨진 단면에 위대함을 새삼 깨달았다.

(빨간색)정리하고자 하는 말

역사 속의 인물을 한 명씩 만나보고 내 삶의 이정표를 재설정해보는 시간을 가져봐야겠다. 무조건적인 찬성과 반대가 아닌 그 인물의 행적과 시대 상황을 충분히 고려하여 스스로 평가하고 자성할 수 있는 잣대를 마련하도록 학문에 정진해야겠다.

책의 중요부분을 오랫동안 기억해 두고자 함이 목적이 아니다. 내 반응을 기록하고 삶에 접목시켜 사고의 알맹이를 단단하게 함이 주된 이유다. 꾸준한 습관은 책에 담긴 정보와 일상의 생각을 결합해 삶의 철학이 된다.

검은색은 책 속에 담긴 내용을 쓰고, 분홍색은 읽고 난 후의 느낌, 빨간색은 마지막으로 정리하고자 하는 말을 담아야 한다.

메모하고자 하는 원본 내용은 가급적 다 적어두는 편이 좋다. 나중에 기록을 확인하면 기억이 나지 않는 불상사를 막을 수 있다. 빠른 시간 내에 메모를 해야 한다면 핸드폰 녹음기를 활용하거나 키워드만 적어서 꼭 완성하는 노력을 하자.

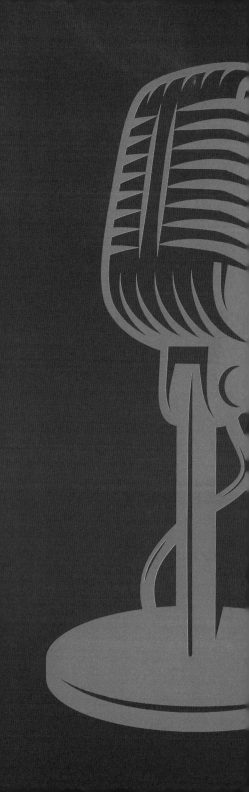

작은 노력으로 자신감 키우기

'뜨거운 열정을 행동의 토대로, 이유 있는 기다림'

1. 생활 속 능동적 습관, 체크리스트
   - 스피치 고수가 되기 위한 50일(7주) 3단계 체크리스트

2. 색다른 안경 쓰기, 세 줄 일기
   - 주변에 있는 사물을 가지고 딱 세 줄만 적어보자

3. 옛 시인의 마음을 읊다
   - 시를 읽고 자유롭게 발문하여 다양한 맛을 음미하며 즐겨보자

4. 오래 묵을수록 깊은 말을 내는, 글쓰기
   - 일상 속 장문의 글을 요약하여 글과 친숙해지자

5. 평범해 보이는 모방으로 뒤따라야 앞지를 수 있다. 따라하기의 힘
   - 레크리에이션 강사 할 수 있어! 따라 해보자

6. 일상의 이야기가 운명을 바꾼다. 스토리의 힘
   - 기적을 가져다주는 매일 아침 글쓰기

7. 목소리는 당신의 진실함과 인격이다.
   - 청명하고 또렷한 목소리는 일상에서 나온다

8. 난 차라리 웃고 있는 피에로가 좋아!
   - 매일 웃는 3단계로 생동감 있는 표정 연습을 하자

9. 한 페이지 작성, 삶을 앞으로 나아가게 하는 강력한 힘
   - 질문을 활용한 탄탄한 대본 작성 노하우를 익히자

제4장

" 뜨거운 열정을 행동의 토대로, 이유 있는 기다림 "

1. 생활 속 능동적 습관, 체크리스트

성격은 '얼굴'에서 나타나고 생활은 '체형'에서 나타나고

본심은 '행동'에서 나타나고 감정은 '음성'에서 나타난다.

배려는 '먹는 방법'에서 나타나고 센스는 '옷차림'에서 나타나고

스트레스는 '피부'에서 나타나고

인간성은 '약자를 대하는 태도'에서 나타난다.

– 전북 임실 어느 음식점 화장실에서

〈나 혼자 산다〉(MBC 예능)는 혼자 사는 유명인의 일상을 관찰하는 예능 프로그램이다. 주말을 맞이하는 평화로운 저녁에 아내와 유일하게 함께 보는 방송이므로 졸린 눈을 부여잡고 챙겨본다. 최근에 가장 기억에 남는 방송 편은 기안84의 친한 동생 '김충재'가 새로운 집을 구하는 내용이다.

그는 5년 동안 동고동락했던 자취방 대신 새 보금자리를 찾기 위해 부동산을 수소문했다. 중개사와의 상담에서 미리 챙겨온 노트를 펼치고 중요하게 여기는 조건들을 차근차근 설명한다. 꼼꼼하고 철저하게 살펴보는 그의 행동이 상당히 인상 깊었다. 단출한 옥탑부터 탁 트인 거실을 품은 방 두 개가 있는 집까지 모두 구경한다. 자취방을 구하기 위해 발품 팔며 고군분투하는 모습은 현실 자취생들의 공감을 자아냈다.

풍족한 삶을 살기 위해서는 매사에 체크리스트는 필수불가결하다. 학창 시절부터 친했던 형이 있다. 대학원에 진학하고 몇 년 만에 아이들을 가르치는 정교수가 되었다. 치밀하게 일정관리하고, 학점, 경력, 이력, 수상경력까지 두루두루 챙기는 모습을 보고 혀를 내둘렀다. 그만의 노트는 비책처럼 옆에서 늘 틈틈이 적고 썼다. '하늘은 노력하는 자에게 기회를 준다.'는 말이 있듯이 보란 듯 최연소 4년제 교수로 발탁되며 그의 꿈을 일궈냈다.

하루에 수십 명에서 많게는 백 명 이상을 만나면 '생각하면서 사는 사람'과 '살면서 생각하는 사람' 두 분류의 유형을 흔히 만난다. 시간을 지배하고 주도적으로 하는 전자의 부류는 체크리스트나 계획표를 월별, 주별, 일별로 체계적으로 관리하며 원하는 뜻에 최대한 가까이 다가서거나 원하던 바를 쟁취한다. 후자는 예상하지 못한 변수에 운신의 폭이 좁아져 주춤하면서 목표했던 성공과 멀어진다.

모두가 동등하게 주어지는 시간에서 적극적인 자세는 개인의 성공과 매우 밀접하다. 용기를 갖고 새로운 일을 시작하면 자연스럽게 성공과 실패의 양면에 놓인다. 만약 돌이킬 수 없는 잘못된 선택을 했다면, 우리는 한 번쯤 후회를 했던 경험이 누구나 있을 것이다. 그럴 때에 한숨과 함께 과거로 돌아갈 수 있는 타임머신이 있다면… 귀여운 푸념을 내놓는다.

영화 『어바웃 타임』(리차드 커티스, 2013)은 팀(돔놀 글리슨)이 성인이 되고 아버지(빌 나이)로부터 과거로의 시간 추억 여행을 할 수 있는 가문이라고 듣는다. 미래로 향하지 못하지만 과거로는 돌아갈 수 있다. 그는 운명의 연인 메리를 만나고자 특별한 능력을 마음껏 발휘하며 그녀와 최고의 순간을 보낸다. 그런데 주위 상황은 순조롭게 나아가지 못하고 그를 둘러싼 돌발 상황이 곳곳에서 벌어진다. 여운이 남는 시간 여행이라는 주제가 공감을 얻어 관객상(산세바스티안 영화제)과 공로상(취리히 영화제)을 받았다.

우리는 매 순간 선택하고 후회하는 삶의 연속에서 살아간다. 좋은 결과를 가져올 때에는 기뻐하지만 나쁜 결과로 초래하면 과거로 돌아가고 싶어 한다.

이윤을 추구하는 기업에서는 이미 전체적인 목적과 효율성을 달성하기 위해 매일 업무의 진행 상항과 결과를 파악하는데 용이하기 위해 체크리스트를 도입하였다. 사회의 빠른 변화로 집단에서뿐만 아니라 개인에게도 시간의 개념이 달라졌다. 개인의 삶을 중요시하는 풍조와 사회문화로 불확실한 미래에서 확실하고 의도된 결과를 낳고 후회 없는 삶을 맞이하기 위혜 우리의 삶 속에 자연스럽게 체크리스트가 자리 잡았다.

포털사이트에 '체크리스트'를 검색하면 '성공적인 안착을 위한 이사 체크리스트', '국내여행 준비물 체크리스트', '결혼 준비 체크리스트', '노령의 임신 준비 체크리스트' 등 우리의 삶과 밀접한 많은 주제가 나온다. 생활 속에서 진행 상황과 결과를 파악하여 최고의 목적을 달성하기 위해 체크리스트는 꼭 필요하다.

이토 가완디에 『체크! 체크리스트』(21세기 북스)라는 책에서 체크리스트의 역할과 필요성을 강조하고 있다. 의사 본인은 체크리스트가 번거롭고 귀찮아서 쓰기 싫었지만 정작 본인이 수술을 받는 환자라면 병원에서 체크리스트를 사용하기를 바라는 응답이 93%에 달한다는 결과가 있다.

완벽하고 각 분야에서 두각을 드러내기 위해서는 지금부터라도 체크리스트를 만들어서 차근차근 목표를 이뤄나갔으면 한다.

스피치 강사, 시간관리·취업특강을 주제로 강연, 언론사에 작가로서 기고, 직장 생활, 가정을 꾸리면서 다양한 일을 할 수 있던 비결로 나는 체크리스트를 꼽는다. 매일 일정량의 강의 대본을 짜고, 강의 자료 등을 수집한다. 강의 대본은 일주일에 1~2회씩, 독서 매일 30분씩, 강의자료 수집은 주말 오전 시간 활용, 칼럼 요약은 일주일에 3회씩, 글쓰기는 이틀에 한 개씩 창작물을 쏟아낸다.

〈백종원의 골목식당〉(SBS 예능)에서 백종원 대표에 어록으로 "사장님! 제가 말을 잘하는 거처럼 보이시죠? 저도 방송에서 말을 예쁘게 하려고 노력하다 보니 어느 순간 그게 저의 모습이 되었어요."라고 말했던 부분이 가장 기억에 남는다.

무수한 정보 속에 사는 어느 누구나 뛰어난 언변을 구사할 수 있는 자질이 충분하다. 그렇지만 평상시에 종이 한 장으로 행동을 관리하거나 혹은 나를 꾸준하게 살피는 사람만이 공감을 얻는 연사로 간택될 수 있다. 하루아침에 말을 잘하기는 불가능하다. 기록해야만 내가 어디로 항해하는지 알 수 있고, 반대로 다시 되돌아갈 수도 있게 된다. 체크리스트로 당신의 빈 도화지에 색을 입혀 희망이라는 주제로 미래의 멋진 스피치를 그려 나가길 바란다.

■ 스피치 고수가 되기 위한 50일(7주) 3단계 체크리스트

| 1단계, 2주(준비 단계) |

구분	연습 방법	준수 여부						
		1	2	3	4	5	6	7
말의 내용	친구들 앞에서 가벼운 일상 혹은 스토리로 말해보기							
목소리	복식호흡 연습하기							
시선	편안한 사람을 보면서 말하기							
표정	거울 보고 웃는 연습하기							

| 2단계, 2주(실전 단계) |

구분	연습 방법	준수 여부						
		1	2	3	4	5	6	7
말의 내용	세 줄 일기 쓰거나 영화 명대사를 활용하여 전하고자 하는 메시지 만들기							
목소리	고저장단으로 말해보자							
시선	방안에 가구를 3등분하여 시선 골고루 보며 말하기							
표정	'개구리 뒷다리'라고 말하며 입꼬리 올리기							

| 3단계, 3주(완성 단계) |

구분	연습 방법	준수 여부						
		1	2	3	4	5	6	7
말의 내용	PPT 내용 1장 만들기							
목소리	아나운서처럼 읽어보기							
시선	'z'자로 해보거나 'ㄹ'자로 시선을 분산하며 말하기							
표정	핸드폰(혹은 캠코더)로 영상 촬영하며 밝은 표정을 유지 점검							

2. 색다른 안경 쓰기, 세 줄 일기

하루하루 나에게 무슨 일이 생길지는 아무도 모른다.

중요한 것은 두 손 벌리고 그것을 받아들일 준비를 하는 것이다.

– 헨리 무어

지사에서 근무하다가 대전충청지역본부로 발령이 났다. 새로운 직원 2명이 오면서 부서에 첫 회식이 잡혔다. 새로운 곳에서 임하는 마음가짐을 듣는 건배사를 제의받을 게 분명해서 나를 알릴 수 있는 멘트를 준비하였다. 회식 당일이 되었고 그때 같이 전입 왔던 선배가 먼저 일어서서 말하였다.

"대충 하겠습니다."

그러자 분위기가 술렁였고, 서로가 의아한 눈길을 교환하였다.

"이 말은 일을 대충하겠다는 게 아닌 대전충청지역본부에 충성을 다하겠다는 말입니다."

예상하지 못한 답변이 나오자 선배님은 첫인상에 강한 인상을 주면서 매력 있는 직장동료로서 눈도장을 찍었다.

직장 생활에서 상사와 부하직원 간의 주장하는 바가 다르면 둘 중 경영진은 누구의 의견에 귀 기울일 것인가? 바로 상사의 생각이다. 조직에서는 경영진과 가까운 위치에 있고 의사결정의 상위에 있는 상사 입장을 부하직원의 관점보다 우선한다. 그러므로 '일 잘하는 부하직원'이 되기 위해선 상사의 관점에서 나의 행동이나 관점을 전환해서 바라봐야 한다.

스피치 수업을 하면 "뻔한 말은 하지 마세요."라고 자주 언급한다. '정직하라', '돈을 아껴 써라' 전래동화에서 나올 법한 이런 말들이 귀에 잘 들어오는가? 듣는 사람의 입장에서 호기심을 자극하고 흥미를 유발하게 해야 한다. "펀(fun)한 말을 해야 한다." 구태의연한 말보다 새로운 관점에서 말하는 노력이 필요하다. 즉, 통찰력 있는 말은 상대의 마음을 끌어당기는 힘이 강하게 작용한다.

몇 년이 지나도 아직도 생생하게 기억에 남는 수업이 있다. 재테크 관련된 교과목이었다. 교수님은 부자는 여러분처럼 과자를 먹는 게 아니라 포장지의 뒷면을 주의 깊게 본다고 하였다.

원자재나 칼로리가 상세하게 표기되었다. 나처럼 일반인은 오감을 향유하는 데에만 집중하는 반면, 투자 고수들은 잘 팔리는 과자의 원자재를 공급하는 회사에 투자한다. 모든 사물과 사회 조류에 관심을 갖고 변화의 흐름을 빠르게 감지해 부를 창출하였다.

사람의 마음을 당기는 언변을 구사하듯, 주식·부동산 시장에 뛰어들어 돈을 벌 듯, 직장에서 상사로부터 인정받기 위해선 세상 보는 안목이 필요하다.

처음부터 다른 생각과 관점을 가져보라고 하면 매우 어렵다. 그래서 '세 줄 일기'를 쓰라고 추천한다. 세 줄이라면 큰 부담 없이 가볍게 생각하여 시작할 수 있는 장점이 있다. 쓰면서 익숙해지면 세 줄 안에 핵심 내용을 모두 담으려면 사색하게 된다. 생각의 힘이 자연스럽게 단단해진다.

> "위로만 크는 롱다리 너가 부럽다 이번 생은 망함
> 옆에 친구도 봐주면 안 되겠니?"
>
> — 콩나물, 장승재

일상 속 생활소재를 가지고 썼다. 콩나물을 보고 나 혼자만

높이 우뚝 서는 인간의 탐욕과 무절제한 삶을 비판했다. 말도 또렷한 목소리를 내고 개성을 찾는 여정이 필요하다. 그러려면 독창적 비유나 에피소드가 주머니 속에 필요할 때마다 쓸 수 있도록 채워야 한다. 짧은 문장을 하루에 하나씩 습관적으로 세 줄 일기를 통해 글을 쓰는 건 심리적으로 혹은 시간적으로 부담이 적다.

세 줄이 익숙해지면 네 줄, 다섯 줄로 점차 늘리고 매일 하나의 사물로 색다른 안경을 낄 수 있도록 잡념 없는 멍 때리기를 가끔 해보라. 몸과 마음이 안정되고 생각을 단순화할 수 있다.

비즈니스 영화 『실리콘벨리의 해적』(마틴버크, 2007년)은 스티브 잡스와 빌 게이츠를 모티브로 한 실화를 바탕으로 하였다. 둘의 공통점은 세계를 바라보는 다른 시선에 무섭게 몰두하여 결과를 창출하는 비범함에 있다. 스티브 잡스는 당시 상업용 컴퓨터가 지배적이었던 시기에 일반 가정에 보급하여 쓸 수 있도록 제품을 기술 개발을 하여 '매킨토시'를 만들었고 흥행은 대성공이었다. 빌 게이츠는 컴퓨터의 수익 모델이 당시에는 부품을 조립하고 완제품으로 생산하는 데 있었다. 운영체제를 만들어 소프트웨어를 배포하고 구축하여 사용자 중심의 안정적이고 편리한 체계를 만들면 수익구조에 변화와 주도

권을 잡을 수 있다는 것을 알았다. 그때부터 기득권층인 애플 컴퓨터사와 IBM에 눈치를 보면서 운영체제 제작에 밤낮없이 사활을 걸었다. 견디기 힘든 수치와 모욕감을 이겨내 세계 최고 부자의 반열에 올랐고 지금의 마이크로소프트사가 탄생하였다.

지금도 존경받는 그들은 IBM이 만든 고정관념과 틀을 부수고 새로운 패러다임 변화를 주도해 나갔다. 사회적 문제의식을 제기하고 무질서한 사고의 퍼즐을 잘 조합하여 분위기에 편승해 너무 앞서가지 않도록 시대의 균형을 맞춘 시대정신이 놀라웠다.

우리 삶에 예사롭게 지나가는 평소와 다를 바 없는 일상에 삶의 의미를 부여하는 것, 진정한 나를 발견하고 나의 개성과 내 목소리를 찾는 게 상대방의 뇌에 오랫동안 각인될 수 있는 첩경임을 명심하라.

■ 주변에 있는 사물을 가지고 딱 세 줄만 적어보자
일상을 풍요롭게 도와줄 색안경을 찾게 된다

#1 행복한 하루

아침에 나갈 곳이 있다는 것

점심에 먹을 수 있는 돈이 있다는 것

저녁에 돌아갈 집이 있다는 것

#2 반지

젊은 사람에게 유행을 앞서가고 싶어하는 스웩

신혼부부에게 평생을 약속하는 사랑의 증표

장년층에게 보다 낭만적이고 은은한 재력 과시

일상에 불편하고 거추장스럽지만 모두가 담는 의미는 제각각

#3 안경

눈 위에 또 다른 환한 눈

감각을 더해주는 패션 아이템

나이가 들수록 세상을 읽기 위해 반드시 찾게 되는 너

#4 배꼽시계

장소불문하고 어김없이 시간마다 찾아오는 친구

어떤 때는 버선발로 뛰어나가 반갑게 맞이하고

때로는 마주하기 싫을 정도로 데면데면 한다.

꼼꼼하게 알뜰살뜰 챙겨주면 고개를 휘리릭

서운하게 하면 내 눈 앞에서 계속 기웃거린다.

#5 핸드폰

#6 오이

#7 라면

#8 볼펜

3. 옛 시인의 마음을 읊다

새를 닮으라. 새는 날아가다가 잠시 앉은 나뭇가지가
너무나 연약해 발 아래서 부서져 내리는 것 같이 느껴져도
자신에겐 날개가 있음을 알고 노래 부른다.

– 빅트로 위고

투명을 향하여

– 이옥진

은행잎이 걸어간다 초록에서 노랑으로
은행잎이 야위어간다 유화에서 수채화로
제 갈 곳 아는 것들은 투명을 향해 간다
어머니 걸어가신다 검정에 하양으로
어머니 날개펴신다 소설에서 서정시로
먼 그 곳 가까울수록 어머니는 가볍다

○○○대학교 평생교육원에서 시 낭송가 □□□가 낭독한
시이다. 단어에 고스란히 감정을 꼭꼭 눌러 담아 살아 숨 쉬는

듯한 착각에 빠질 정도였다. 수업이 끝나고 집에 와서도 여운이 쉽게 가시지 않아 인터넷을 찾아보고 수없이 읊조렸다.

세월의 무상함을 '초록'에서 '노랑'으로 '유화'에서 '수채화' 등 색감으로 절묘하게 가슴을 쳤다. 나이가 든다는 건 턱없이 가벼워지는 아픔의 무거웠던 세월을 표현하였다. 작가가 전하고자 하는 내막을 안다면 눈을 감으며 감정을 느끼고자 할 것이다.

이 시를 보고 감흥이 있을 수도 있고 무심코 지나갈 수도 있다. 최근 돌아가신 할아버지를 떠올리며 가슴 모퉁이에 그리움만 쌓였다. 공감은 "나는 당신의 상황을 알고 당신의 기분을 이해한다."로 쉽게 말할 수 있고, 학문적으로는 다른 사람의 상황이나 기분을 같이 느낄 수 있는 능력을 일컫는다.

그녀의 발표가 끝나자 그녀에게 감동을 전하는 말하기란 무엇이라고 생각하는지 인터뷰하였다. 그녀는 한 편의 시를 낭독하고자 배경음악부터 의상까지 모두 준비한다고 하였다. 평소 시를 사랑하고 많이 읽어서 시에 대한 애정이 남다른 게 사랑받는 비결이라고 하였다. 평생 마음을 치료하는 힘을 기르며 시 낭송을 업으로 삼아 소외계층에게 용기와 희망을 주고 싶다고 하였다.

나는 공감을 하였다. 시만큼 짧은 글에 함축적으로 많은 내용을 담는 문학도 없다. 비유적 언어 표현을 통해 구체적이고 감각적인 인상을 전달한다.

스피치 강사로 살면서 재미있고 인상 깊은 명사가 되고 싶었다. 상대방의 감정을 똑바로 바라보는 안목과 훈련이 필요하였고 깊은 정서를 들여다보기 위해 시를 읽으며 사색하였다. 시를 통해 타인을 이해하고 상대방의 감정선까지 생각하게 되어 내면이 깊어지고 확장되었다.

영화 『톰보이』(셸린 시아마, 2011년)는 우리 모두의 이야기가 아닌 우리들 중 누군가의 이야기를 펼친 셸린 시아마 감독의 섬세한 손길로 탄생한 보석 같은 작품이다. 주인공 로레(조 허란)의 성장과 충동의 시기를 하나의 공간이나 한순간의 찰나로 변화를 세밀하게 그렸다. 로레가 베란다를 통해 소년들의 모습을 지켜본다. 그 와중에 소년이 아닌 소녀 리사(진 디슨)를 만난다. 그녀는 영화에서 가장 중요한 질문을 로레에게 던진다. "넌 누구니?" 이 단순한 질문은 주인공 꼬마에게 이름이 아닌 정체성을 묻는다.

가장 순수하지만 소유에 대한 탐욕이 강한 시절 주인공이 가지고 싶은 건 결코 선천적으로 가질 수 없는 태어나면서 결정되는 '남성성'이었다. 남성이 되고 싶은 그를 영화에서 갈등으로 선정한다. 관객들은 순수함을 느끼고 때론 안타까워하도록 감독은 감정을 섬세하면서 첨예하게 나열한다. 우리 모두가 사진첩을 열어 유년 시절에 고민했던 성 정체성에 대해 회상하도록 이끌어냈다. 예술성이 뛰어나며 높은 감수성을 함께 가지고 있어 현지에서 관객 평이 무척 높았다고 한다.

영화에서 공감과 흥행을 이끄는 요인은 감독의 연출법에 따라 크게 좌우한다. 강사도 감독과 마찬가지로 대중에게 '강의 내용이 재미있었다', '이해가 쉽다'는 호평을 받아야만 한다.

일주일에 한 편씩 시를 적으면서 전체적인 분위기를 살핀다. 마치 시 속의 주인공이 되며 그가 전달하고자 한 느낌이나 시를 읽으면서 떠오른 생각이나 감정을 정리한다. 상대방의 삶을 존중하고 감정이입할 때에 비로소 작가의 삶이 투영된다.

말하기는 단어에 감정의 혼을 담지 못하면 '앙꼬 없는 찐빵'처럼 밋밋하고 핵심 전달이 모호하다. 스피치를 기교와 무대 매너로 착각하지만 가장 중요한 점은 진심을 전달하는 소통 방식에 있음을 명심하라.

풀꽃

– 나태주

자세히 보아야 예쁘다.

오래 보아야 사랑스럽다.

너도 그렇다.

▷ 당신은 최근에 우울한 날이 언제였나요?

▷ 당신에 억울하고 우울했던 한 가지 일을 여기에다 적고 훌훌 털어버리세요.

행복

– 나태주

저녁 때
돌아갈 집이 있다는 것
힘들 때
마음 속으로 생각할 사람이 있다는 것
외로울 때
혼자서 부를 노래가 있다는 것

▷ 행복했던 일을 기억나는 대로 5가지 적어보세요.

▷ 앞으로 세월이 가도 행복이 빛이 변하지 않았으면 히는 것
들은 무엇인가요?

4. 오래 묵을수록 깊은 말은 내는, 글쓰기

사람들은 말재주가 뛰어난 사람을 부러워하지만
곁에 두고 싶어 하는 사람은
결국 말에서 마음이 느껴지는 사람이다.

— 『비울수록 사람을 더 채우는 말그릇』(김윤나)에서 발췌

"원고를 보느라 여러분의 눈을 못 보게 되는 일이 있을까 봐
서 정성을 담아 쓴 원고를 오늘은 무시하겠습니다."

최근 대통령 후보로 급부상한 이낙연 전 총리에 대한 관심
이 뜨겁다. 그는 '차세대 리더 육성 멘토링 리더십 콘서트'에
서 한 연설이 화제였다. 말의 품격은 서두부터 드러난다.

총리는 관객의 눈을 모두 보기 위해 힘들여 쓴 원고를 보지
않고 자유 연설하였다. 분명 정치적 계산이 반영된 멘트일 것
이다. 하지만 내가 만난 정치인은 연설장에서 준비한 원고를
읽느라 청중과의 소통까지 신경 쓰지 못하였다. 정치권에서
오랜만에 청중을 존중하고 배려하는 정성이 모니터 너머로 생

생하게 전달되어 지금까지도 기억에 남았다.

  그는 목소리 톤과 속도가 안정적이고 말의 힘에서 대중을 아우르는 노련미가 풍긴다. 상대에게 신뢰감을 주어 품위와 인격을 돋보이게 한다. 그는 정치인이기 전에 기자 이낙연으로 사회생활을 시작하였다.

  기자 출신 이낙연 전 총리는 평상시 뒷주머니에 수첩을 꼭 갖고 다니며 현장에서 보고 들은 내용을 메모한 것으로 유명하다. 그의 투철한 직업 정신과 사명감은 총리 시절 그가 적은 메모가 SNS를 떠들썩하게 했을 정도로 이목을 끌었다.

  그를 보면 말과 글은 떼려야 뗄 수 없는 관계임이 분명하다. 『어록으로 본 이낙연』을 펴낸 이제이 작가(전 연설비서관)는 말과 글은 생각, 철학, 정서, 살아온 역사가 그 속에 오롯이 담긴다고 언급했다.

  이 전 총리에 메모를 보면 일목요연하게 잘 정리되어 있음을 확인할 수 있다. 즉 평소 요약하고 잘 정리해서 간단명료하게 말하는 그를 자주 목격한다. 스피치 전문가들은 칼럼은 누군가의 생각과 국정철학이 논리적으로 구성되어 평소 꾸준하게 읽으면 말하기와 글쓰기에 큰 도움이 된다고 조언한다.

비록 다른 분야지만 성공의 의미를 다시금 떠오르게 한 인생 영화를 소개하려고 한다. 영화『빌리 엘리어트』(스티븐 달드리, 2000년)에서 영국 북부 탄광촌에 사는 11살 소년 빌리(제이미 벨)는 남성성을 강조하는 아버지(게리 루이스)의 권유로 권투를 배우나 흥미를 찾지 못한다. 우연히 발레 수업을 보게 되었고 토슈즈를 신은 여학생 뒤에서 따라 하다가 함께 하게 된다. 그런 모습을 본 아버지는 경악하며 발레를 배우는 것을 반대한다. 하지만 특별한 재능을 발견한 발레 선생님인 윌킨슨 부인(줄리 월터스)은 빌리에게 개인 수업까지 특별히 해주며 로열 발레 학교에 오디션을 권유한다.

발레 진학을 반대하는 아버지에게 시위라도 하듯 매일 연습하고 춤도 추며 멋진 춤사위를 선보인다. 그때 열정을 알아본 아버지는 적극적으로 아들의 꿈을 응원한다. 아버지는 아들만은 더 나은 인생을 살기를 바라는 간절한 마음과 가족의 반대에도 뜻을 굽히지 않은 그의 의연한 모습을 보았다. 성공은 열정과 감내해야 하는 인고의 세월이 필요하다는 점을 다시 되새겼다.

강사가 되고서 나를 단련하기 위해 〈한겨레〉 신문의 강준만 칼럼으로 말하기를 훈련하였다. 이틀에 한 개 꼴로 요약하고 생각을 5줄로 정리하고 반대 의견을 제시하면서 글의 구조를 분석하였다. 그렇게 3년이라는 길고도 달콤했던 시간은 내 생각을 더 단단하게 만들었고 상대의 입장을 포용할 수 있는 외연을 확장시켰다.

사람은 자신을 알아야 상대를 상상할 수 있다. 나를 모르고 내 감정 깊이를 알지 못하면서 그 누구를 이해시킬 수 있다는 말인가. 내 감정을 직면하겠다는 치열한 생각이 타인을 잇는 사다리가 된다.

내 열정과 정성이 빚어낸 글로 지역 신문사에 칼럼니스트로서 스피치 관련 기사를 연재하고 있다. 감개무량하고 뜻깊은 일상을 보내고 있다. 이런 글쓰기는 내 말에도 큰 변화를 주었다. 우선 자신의 생각을 소신 있고 솔직하게 말하며 문제의 핵심이나 본질을 꿰뚫고 적극적인 자세를 취하게 되었다.

위대한 업적은 불의에 저항하고 신념을 갖고 목소리 높인 사람들 덕분에 가능했다는 사실을 역사가 증명하고 있다는 점을 기억해두자.

■ 일상 속 장문의 글을 요약하여 글과 친숙해지자

수렁 속에서도 별은 보인다(한겨레, 강준만 칼럼. 2020.3.5.)

검은색: 본문 내용을 그대로 적어보자.

지금 우리가 하고 있는 정치는 해결의 수단이기는커녕 '공멸을 위한 자해'에 지나지 않습니다. 서로 협력해 사회적 문제를 해결할 수 있는 사람들은 갈가리 찢어 놓는 불멸과 증오의 굿판으로 내몰고 있지 않은가요? 영어로 뜻풀이하면, '재난 (Disaster)'은 '별(Astro)'이 '없는(dis)' 상태를 가리킨다 합니다. "수렁 속에서도 별은 보인다"라는 말이 있지요. 우리가 빠진 재난의 수렁 속에서 '희망과 관용과 연대의 힘'이라는 별을 보면서 극복을 다져나가는 동시에 새로운 정치와 삶의 방식도 찾아 나서야 하지 않을까요?

분홍색: 문단을 요약해보자.

현재 조명하는 정치는 사회적 문제의 해결 수단이기 보다 내 의견만을 주장하고 관철해야만 하는 일방향적 소통이라고 여겨진다. 다른 생각과 철학을 철저하게 배타하고 있다. 코로나라는 대재난 속에서 보여준 협동심, 희망과 연합의 힘과 정신을 배워서 다른 의견이 존중받는 정치의 품격으로 거듭났으면 좋겠다.

빨간색: 나의 생각과 키워드를 적어 문단의 구조를 파악해보자.

코로나-19 대재난이 발발한 직후, 혼란과 혼동 · 재난 시스템 붕괴로 많은 시민들이 고통받고 있다. 전염병에 걸리지 않을까? 사람들이 모인 곳은 가급적 피하고 기침하거나 마스크를 착용하지 않고 길거리를 활보하는 자에게 손가락질이나 욕설도 서슴없이 한다. 군중의 물리적 · 심리적 거리가 멀어지고, 상점에도 찾아오는 손님이 없어 주인의 근심이 쌓여 온다.
거센 소나기는 모든 정치적, 사회적, 경제적 연결망을 모두 마비시켰다. 아비규환이라는 고사성어가 스쳐간다. 역설적 표현입니다만 '재난의 축복'이라는 말이 있다. 지옥 낙원의 한줄기 빛을 발견할 수 있음을 일컫는다. 굉장히 힘든 시기를 겪지만 그럴수록 화합하고 희망, 연합해야 한다. 서로가 서로를 의지하고 자발적으로 모금하고 도우려 한다면 불굴의 의지가 사회 곳곳에 솟아날 수 있다.
재난 속에서 서로를 헐뜯고 중국인 통제를 왜 하지 않았느냐는 원색적인 비판보다 앞으로 우리 삶에 민생에 실마리를 풀어나갈 정치에 대해 깊이 생각하고 풍성한 열매를 창출해 내는 소중한 시기라고 여겼으면 한다.

하루 한 시간씩 평소 좋아하는 글, 혹은 칼럼을 필사하는 노력은 대본을 작성하는 데 두려움이 사라지고 사고를 단단하게 하는 토대로 작용한다. 처음부터 새로운 글을 쓰는 스트레스에 노출되기보다 글의 구조를 조금씩 알면 글쓰기의 참된 가치를 느낄 수 있다. 글쓰기가 두려웠던 나도 3년 동안 한 사람의 문체를 배우기 위해 그의 칼럼을 쓰는 습관을 들이고 마침내 책을 발간하는 데 이르렀다.

5. 평범해 보이는 모방으로 뒤따라야 앞지를 수 있다
따라하기의 힘

....

네가 정말로 갖기를 원한다면 넌 얻을 수 있어

하지만 넌 시도하고 또 시도하고 계속 시도해야 해

그럼 넌 마침내 딛을 수 있을거야!

– 『인어공주』 명대사 중

가장 많이 듣는 질문 중 하나는 스피치라는 주제로 어떻게 강사를 하게 되었는지이다. 큰 포부가 있어 강사가 된 게 아니다. 처음 강사를 하게 된 계기는 대학교에서 총학생회장에 출마하기 위해서 스피치 강의를 듣기 시작하면서 인연이 시작됐다. 내 말을 학우들에게 또렷하게 전하고 교직원들을 설득하여 다양한 복리후생을 내 손으로 일궈내고 싶었다.

15주 동안 강의를 들으면서 칭찬과 격려를 듣자 뭔가에 홀린 듯 스피치의 기교나 학습지도안 제작에 몰입하였다. 그때의 열정과 노력을 높이 평가해준 강사님께서 대구에 ○○○○ 협회에 한 달에 한 차례 30분씩 강의할 수 있는 기회를 주셨다.

그렇게 틈틈이 주말에 강의 활동을 하고 대학교 수업에서도 발표 수업이 많아 강사로서의 경력을 차츰 쌓게 되었다.

대학교를 졸업하고 기업의 사내강사나 대학교에 진로·적성을 가르치는 강사가 되고자 유명 회사에 이력서를 넣었으나 수차례 서류 탈락의 고배를 마시며 방황하였다. 그러던 중에 스스로의 한계와 변화의 필요성을 느끼며 대학교에서 전공한 학과의 특성에 맞추어 대학병원 행정팀에 입사하였다.

해외 환자를 유치하는 팀이어서 최고 경영자에게 기획 보고나 유명 석학이 오면 병원 내 시설을 소개하는 것이 업무 중 일부였다. 그때 강사로 활동한 경험을 잘 살려 병원의 이미지와 인지도 향상에 기여하였다.

선한 영향력을 줄 수 있는 강사가 되고 싶은 열망은 일하면서도 포기하지 못해 잠을 쪼개면서 연습하고 대구에 내려갔다. 뻔한 강의보다 재미있는 강의, 실제 이론과 내 사례와 경험이 잘 묻어날 수 있는 학습 지도안을 만들고자 부단히 노력했다.

그때의 바람과 기도가 하늘에 닿았는지 내 이름 석 자를 걸고 강사의 꿈을 이뤘다. 일주일에 두 차례씩 평생교육원에서 시간과 경제 여건이 안 되어 배움의 기회가 적었던 분들에게 강의를 하고 있다.

처음에는 미숙한 대처로 망신을 당하기도 하고 무안하여 사람들 앞에 나설 면목이 없었던 경험도 많다. 그럴수록 많은 강연장이나 혹은 유튜브(동영상 공유 서비스) 강연에서 유명 강사의 대응능력을 모방하였다. 대본을 구성할 때도 그들의 강연을 반복해서 들으며 받아쓰기를 하였다. 전체적인 틀을 그대로 유지한 채 내 경험과 연구 결과, 유명한 사람들의 말을 인용하며 각본을 재구성하였다.

tvN 김창옥 쇼에 나온 〈당신은 사랑받아 마땅합니다〉 편에서 일부를 분석하려고 한다. 처음에 그는 "검색창에 제 이름을 치면 두 가지 키워드가 가장 많아요"라고 말하며 흥미를 돋운다. 바로 "김창옥 결혼, 김창옥 이혼이다"며 본인의 이야기를 자연스럽게 꺼낸다. 사람들은 눈을 이글이글거리며 본인의 아이가 유치원에 가기 싫어서 칭얼거리던 모습에서 엄마가 했던 말을 떠올린다.

"창옥아! 너 느그 딸 귀엽지? 엄마도 너 그렇게 키웠다"
그때 누군가도 '나를 긴 시간 동안 아련한 눈빛으로 봐왔구나'라고 문득 감사한 마음이 생겼다고 한다. 덧붙여 "결혼은

안 했어도 사랑은 했으면 좋겠다. 그래야만 자기가 사랑받았다는 걸 비로소 깨닫는다."라고 의미심장한 말을 꺼냈다. 그는 이 한 마디를 하기 위해서 서론과 본론의 90%의 시간을 할애하였다.

우리가 소통 잘하는 강사를 꼽으라면 김미경, 김창옥, 김제동을 말한다. 이들의 공통점은 탄탄하고 부드러운 논리 전개이다. 세 분의 가장 큰 장점이자 대중을 사로잡는 무기인 그들의 말하기를 무작정 따라 해보자. 우선 대본의 틀을 두고 내 사례와 주장하는 핵심 사항을 배치하며 꾸준하게 말하는 연습을 해야 한다. 나 역시도 그들을 처음 따라서 해봤을 때, 그때의 놀라웠던 희열과 무대 호응은 잊을 수가 없다.

'오성식의 굿모닝 쇼'를 진행하는 오성식 씨는 언어를 잘하는 비결로 '원어민의 발음이 녹음된 오디오를 반복해서 듣고 그대로 따라 말하는 연습을 할 것'을 강조했다. 특히 자신의 목소리를 녹음해서 비교하면 대화의 수준이 한층 더 높아진다고 말하였다.

말하기를 잘하기 위한 방법은 동서고금을 막론하고 모두가 같다. 바로 끊임없는 반복과 모방이다. 나도 레크리에이션 강

사가 되기 위해 □□□ 대학교 레크리에이션 졸업 영상을 수
차례 보고 따라 했다. 연습하는 과정에서 모방은 가능하다. 모
방이 있어야만 새로운 창조물도 나올 가능성이 존재하니 모방
이 나쁘다고 말하기는 어렵다.

나만의 특별함이 온전히 담긴 스피치를 하기 위해서 지금부
터 당신은 고수를 관찰하고 모방부터 시작해라. 그래야만 첫 타
이틀전을 훌륭하게 치를 수 있고 나아가 그를 넘어설 수 있다.

#2 가라사대 게임

본 게임에 들어가기 전에 가벼운 게임 준비했습니다.

제가 지금부터 레크라고 말하고 어떤 말을 했을 때에는 따라서 해주시면 되고요. 레크라고 말하지 않고 어떤 말을 했을 때에는 따라 하시면 안 되는 그런 게임입니다.

자 그럼 연습게임부터 먼저 가보겠습니다. 자 레크 박수 한번 시작!

(관객 틀림)박수 두 번 시작! 이러면 안 돼요. 제가 레크라고 했을 때에만 반응하시면 됩니다. 아시겠죠?

다시 한번 레크 박수 한번 시작 (관객 틀림)박수 두 번 시작 아직도 정신 못 차리시는 분 계세요.

자 마지막으로 다시 한번 가도록 하겠습니다. (관객 틀림)박수 한번 시작 왜 그러세요? 네 좋습니다. 어느 정도 이해하신 것 같기 때문에 본격적으로 들어가 보도록 하겠습니다.

자 레크 오른손 들어주시고요. 레크 왼손 들어주시고요. (관객 틀림)내려주시고요. 오 내리면 안 되는데 좋습니다. 레크 빤짝 빤짝 레크 더 빨리 레크 더 빨리 레크 더 빨리 (관객 틀림)스톱!

오 멈추시는 분 계세요. 좋습니다. 내려주시고. 오 내리시는 분 계시네요. 좋습니다. 레크 내리도록 하겠습니다.

레크 세이 호호 (관객 틀림)세이 호호 정신 차리세요 정신 차려 주세요. 하하 좋습니다.
레크 양손 머리 위로 레크 아래로 레크 위로 레크 아래로 (관객 틀림)위로 오오 레크 위로 레크 오른쪽 레크 왼쪽 (관객 틀림)아래로 오오 내리신 분 계세요? 레크 내려주시고요.

나는 한 번도 틀리지 않았다 (관객 틀림)손 한번 들어주시고요. 방금 탈락하셨습니다. 레크 나는 정말로 한 번도 틀리지 않았다. 이분들 자리에서 일어나 주세요. 레크 이분들 자리에서 일어나 주세요. 이분께 제가 특별히 상품 드리겠습니다. (관객 틀림)자 나오세요. 이분에게 뜨거운 박수 부탁드립니다. 스톱.

| Memo |

6. 일상의 이야기가 운명을 바꾼다. 스토리의 힘

인간은 다른 사람의 경험으로부터
배울 수 있는 능력을 가지고 있는 유일한 존재다.
또한 그렇게 하지 않으려는 경향이
강하다는 점에서도 주목할 만하다
– 더글러스 노엘 애덤스

촌철살인 토크쇼로 연예인들의 생활 속 에피소드를 털어놓으며 시청자들의 사랑을 받는 〈라디오스타〉(MBC 예능)는 2007년부터 방송된 장수 예능 프로그램이다. 그들만의 이야기로 특별한 매력을 솔솔 풍기며 그들의 이미지를 대중에게 알린다. 이야기가 남과 다른 차별화를 두며 고유성을 창출하는 브랜드로 나아가고 있다.

상품을 판매하는 마케터는 이야기를 좋아하는 인간의 본성을 파악해 상품의 기능적 특성만 설명하는 광고를 넘어 감성적이고 이야기가 중심이 되는 스토리텔링 기법을 활용한다. 감정을 강조하고 소비자와의 상호작용을 중시하는 사회에서 에피소드는 빠져서는 안 될 필수적인 존재가 되었다.

면접에서도 반드시 나의 경험담을 먼저 털어놓으면서 면접관을 향해 나를 각인시켜 먼저 손을 내밀어야 최종 합격에 이를 수 있다. 비슷한 경험이라도 그 속에서 무엇을 느꼈는지에 따라 이야기의 가치와 품격은 천지차이다.

수십만 개의 직업에서 스토리를 연구하고 활용하는 직업은 강사가 유일무이하다.

강사의 몸값이 책정되는 기준은 무엇일까? 경제 이론상으로 유명세나 강사를 찾는 목소리가 많을수록 자연스레 몸값은 치솟는다. 그럼 명강사는 왜 업계에서 유명할까? 해답은 에피소드에 있다. 강의료가 높게 책정된 명강사는 1시간 동안 30개 이상의 에피소드를 말한다.

웹툰을 쓰는 작가도 소재에 대해 마찬가지로 고민한다. 영화 『히트맨』(최원섭, 2020년)은 웹툰 작가의 삶을 일부 드러낸다. 국정원을 탈출한 비밀 프로젝트 방패연 출신 전설의 암살요원 준(권상우)은 웹툰 작가가 되어 단란한 가정을 꾸린다. 연재하는 작품마다 혹평이 쏟아지고 인기가 없어 성공에 대한 압박감에 시달린다. 과도한 스트레스와 긴장감으로 술을 마시게 된 날 그는 그리지 말아야 할 1급 기밀을 그려버렸고 뜻하지 않게 하루아침에 인기스타가 된다. 스토리로 민감한 직군 중 하나인 웹툰 작가도 영화에서 엿볼 수 있듯이 스토리를 풀어 나가는 방식과 희소성에 따라 받는 대접이 천차만별이다.

유명 베스트셀러 작가는 기억에 남을 수 있는 에피소드로 탄생하려면 주위를 잘 관찰하고 담아야 한다고 언급한다. 나도 강의 주제에 관련된 자료를 통계 프로그램으로 정리하기 시작한 게 어느덧 3년이라는 시간이 지났다. 지하철, 출·퇴근 길에서도 문득 좋은 아이디어가 떠오르면 스마트폰을 통해 기록한다. 내가 쓰고 있는 오래된 핸드폰은 치열한 고민이 담긴 나의 훈장이다.

새로운 이론을 발견하거나 통계지표, 명언, 사례가 내 시선을 사로잡을수록 내 표정도 덩달아 밝아진다. 기쁜 마음으로 주제별로 쭉 나열된 나만의 상자 속에 넣는다. 내가 뽑아주기만을 애절하게 기다린다. 그들은 새로운 주제로 강의를 하거나 내 말의 주장을 뒷받침하며 나를 매력 있는 스피커로 만들어줄 조미료다.

강사가 되면서 스피치 강의를 잘하시는 분들의 강의를 듣기보다 협상, 사내강사 되기, 글쓰기 등 내 관심분야가 아니더라도 어떻게 사례가 활용되는지를 살펴본다. 색다른 호기심을 자극하거나 설득력이 있다면 내 강의 교안에 접목해서 새로운 에너지를 창출한다.

재벌은 성실해서 돈을 많이 버는 게 결코 아니다. 세상의 흐름을 제대로 읽는 안목이 있기 때문이다. 말도 그렇다. 직접 발로 뛰며 나와 주위를 꼼꼼하게 관찰하며 적재적소에 필요한 말을 필요한 만큼만 하는 사람을 센스 있게 말한다고 평한다.

당신은 얼마나 열정을 가지고 자신의 삶에 대해 고민하는가? 그 열정과 상념의 흔적이 당신의 이야기로 말하는 날이 곧 찾아올 것이다.

■ 기적을 가져다주는 매일 아침 글쓰기!

▶ 매일 아침 일정한 시간을 정해서 1시간 글을 쓰고 일상을 시작한다.

(월/화요일) 평소에 관심 있는 취미를 선정하고, 자유롭게 적어본다.

(수/목요일) 언론 혹은 일상에서 있었던 일화를 자유롭게 적어본다.

(금/토요일) 영화 혹은 평소 읽었던 책에 대해 감상문을 적어본다.

(일요일) 일주일 동안에 미진했던 글을 완성하고, 다음주 계획을 작성한다.

7. 목소리는 당신의 진실함과 인격이다

....

> 말로 표현한 친절은 자신감을 만든다.
>
> 생각으로 표현한 친절은 심오함을 만든다.
>
> 주는 사랑은 받는 사랑을 만든다.
>
> – 노자

1990년대 말 IMF 경제 위기에 삶의 고달픔과 애환을 달래주던 영화가 있다. 바로 정우성, 이정재가 출연한 『태양은 없다』(김성수, 1999년)이다. 청춘들에 시대와 사회를 바라보는 시선에 대해 그린 작품이다. 탄탄한 스토리와 두 배우의 케미로 내 눈과 귀를 사로잡았다. 그런데 주인공은 아니지만 보는 내내 목소리와 발음이 좋아 전달력이 훌륭한 연기자라고 감탄을 하면서 보았던 배우는 '이범수' 씨였다. 이런 내 느낌은 나만 알아차린 게 아니었나 보다. 지금 그는 어느덧 충무로의 획을 긋는 대배우로 성장하였다.

예나 지금이나 목소리는 그 사람의 외모뿐만 아니라 이미지를 형성하는 데 지대한 영향을 미친다. 과거 중국 당대의 관리를 뽑을 때에 '신언서판(身言書判)'을 기준으로 인물을 선발했다고 한다. 그중 '언(言)'은 말을 잘하는지 목소리를 중점적으로 보았다고 한다. 최근에도 원하는 회사·기업에 가기 위해서 면접관은 목소리 훈련의 필요성을 강조한다. 즉, 신뢰감과 진정성을 전달하는 매개체로 '좋은 목소리'를 힘주어 부각하며, 최종 합격의 당락을 결정한다는 게 인사담당자들의 공통된 의견이다.

이런 중요성을 잘 알기에 강의실에 도착하기 전에 꼭 목을 간단히 풀며 소리를 깨운다. 차에서 라디오를 청취하며 사회자의 말을 듣고 따라 한다. 마치 내가 아나운서가 되어 차 안에 애청자가 내 말을 듣고 있는 상황이라고 가정하며 주저리주저리 떠들면서 심장 쫄깃한 긴장감을 푼다.

첫 강의를 제안받았을 때는 목소리를 관리하는 나만의 노하우가 없어서 애먹었었다. 긴장되어 어깨와 가슴이 결리고 위축되어 목과 성대를 짓누르면서 또랑또랑 음성을 내는 것을 방해하였다. 목청을 가다듬기 위해 헛기침도 자주 내었다. 사소한 행동들이 강의 중간에 맥을 끊어서 완성도 높은 강의를 제작하는 데 힘겨웠다.

MBC 간판 김완태 아나운서는 호소력 짙은 목소리로 유명하다. 그는 책을 소리 내서 읽고 혼동을 일으킬 수 있는 발음 연습은 목소리와 발성에 크게 도움이 된다고 말하였다. 나도 목소리와 호흡을 늘리고 여유롭게 말하려고 사설을 자주 읽었다. 아침에 일어나서 30분, 자기 전에 30분씩 하루에 두 번씩 연습하였다.

덧붙여 복근 운동을 꾸준하게 하여 복식호흡을 통해 단단한 인상을 주고자 하였다. 한 글자씩 배에 힘을 주고 빼는 행동을 반복해서 하였다. 당장 발성에 큰 도움을 주지 않으나 한 달 이상 꾸준하게 하면 강조할 부분에서 목이 아닌 배로 숨을 내뱉어 큰 소리를 손쉽게 낼 수 있다.

목과 긴장감을 풀어 두 마리 토끼를 잡고자 했던 열정이 지금의 스피치 강사를 만들었다. 괴테는 인간의 욕망과 이상을 그린 대작 『파우스트』를 무려 60년 동안 집필하였다고 한다. 그처럼 자신의 분야에서 꾸준히 노력하면 조금씩 쌓아올린 성취가 성공에 큰 발전으로 이루어진다.

가수 박진영 씨는 철저한 자기관리로 가수들 사이에서도 정평이 나있다. 가수와 연사는 목소리로 누군가에게 감동과 기뿜을 선사하는 공통점이 있다. 그는 과거 〈힐링캠프〉(SBS 예능, 2016년 종방)에 출연하며 취침 전에 반드시 가습기를 틀고 목 주위를 따뜻한 수건으로 감싸면서 성대를 보호한다고 하였다. 숨은 노력이 가수로서의 완벽한 성공을 이루는 데 밑거름이 되었다.

주위에서도 복식호흡과 목소리 연습을 꾸준하게 하여 대박 난 분식집 사장님이 있다. 거리에 분식집이 줄지어 있었고 맛 도 대동소이하였다. 그런데 유난히 잘 되는 한 곳이 있었는데 비결은 떡볶이 사장님의 특유의 억양과 기쁨을 주는 목소리 톤이었다. "대한민국에서 제일 맛있는 떡볶이 집"이라고 우기 는 사장님의 말이 참신하고 진심성 있게 다가와 가게가 항상 북적이는 모습을 보며 '목소리는 상대의 마음을 끄는 무기이 자 매력이구나!'라고 깨달았다.

목소리는 한 사람의 성격과 인격, 살아온 날을 대변한다. 말 의 내용도 중요하지만 평소 어떻게 관리하고 보호하고 연습하 는가에 따라 말의 전달력과 성대의 건강을 좌우한다. 좋은 목 소리는 한 사람의 일생을 함축하고 있다. 즉, 당신의 일상 속 의 습관과 마음가짐에 달려있다.

■ 청명하고 또렷한 목소리는 일상에서 나온다!

1) 복식호흡으로 호흡량 늘리기

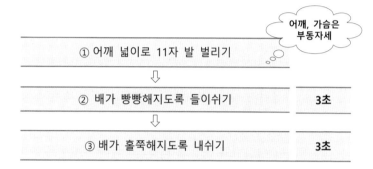

① 어깨 넓이로 11자 발 벌리기

어깨, 가슴은
부동자세

⇩

② 배가 빵빵해지도록 들이쉬기   **3초**

⇩

③ 배가 홀쭉해지도록 내쉬기   **3초**

※ 지속 시간을 3초에서 5초, 10초로 3세트로 꾸준하게 연습한다.

2) 후두 관리하기

① 호흡을 길게 들이마시고 길게 내쉬기

코로 들이마시기	입으로 내쉬기
5초	5초

② 호흡을 들이마시고 압력 유지한 후 내쉬기

코로 들이마시기	멈추기	입으로 내쉬기
5초	3초	5초

③ 호흡을 들이마신 것보다 더 길게 내쉬기

코로 들이마시기	입으로 내쉬기
5초	5초

8. 난 차라리 웃고 있는 피에로가 좋아!

자신을 향해 웃는 것은
인생을 살면서 배워야 할 대단히 중요한 능력이다.

– 캐서린 맨스필드

무대에서 밝은 표정을 종일 짓기는 어렵다. tvN 김창옥 쇼에서 김창옥 강사님은 발레단과의 협업을 위해 연습실에 간 적이 있다고 소개하였다. 그때 지도 교수님이 "얘들아, 표정 밝게 해"라고 하자 김창옥 강사님은 질문했다. "발레는 동작 아닌가요? 왜 표정을 강조하시죠?" 그러자 지도 교수님은 "발레 동작의 완성은 표정이에요."라고 말했다고 한다.

발레 동작은 매우 격하고 힘든 동작이 많다. 하지만 생기 있는 표정을 구사하여 상황에 맞게 연기를 해야만 관객으로부터 찬사와 호평을 받게 된다.

〈미스터 트롯〉(TV조선 예능)에서 트로트 가수로 맹활약 하는 임영웅 씨는 〈라디오스타〉(MBC 예능)에서 노래 외에 표정 연습을 통해 콤플렉스를 극복하기 위해 구슬땀을 흘린다고 밝혔다. 어릴 적에 크게 안면을 다쳐 웃을 때에 오른쪽 입 꼬리에 힘을 더 많이 줘야만 자연스럽게 환한 표정이 나온다고 말하였다. 무대에서 밝은 표정을 보여주기 위해 굉장한 집념과 열정을 다하고 있다.

일반인에게 세상에서 가장 아름다운 날은 두 사람이 하나가 되는 결혼식이다. 기쁜 날이지만 긴장하고 어색하여 사진 기사는 신랑 신부에게 "웃어주세요."라는 말을 가장 많이 요구한다. 서로에게 너무 중요하고 잊지 못할 날이라는 생각이 그들의 표정을 딱딱하게 만든다.

이렇듯 무대나 관객과 소통을 해야 하는 직업과 일에서 성공의 열쇠는 '호감'이다. 호감의 70%는 바로 표정으로 판가름된다. 잘 웃고 미소 짓고 상대방의 말과 행동에 귀를 기울여야만 한다. 밝은 표정을 지속할 수 있도록 수시로 감시하고 관리해야만 입꼬리가 위로 솟게 되어 상대방으로부터 매력적인 사람으로 인식된다.

강사로서 강의할 수 있는 기회가 있음에 늘 감사했지만 매일 행복할 수는 없었다. 강단에서 강의를 할 수 있는 기회가 너무 소중하고 귀했지만 집안에서 안 좋은 일이 있거나 아내와의 갈등, 직장 동료와의 불화 등 가슴을 아프게 만든 일이 많았지만 표정에 드러낼 수는 없었다. 내 감정을 최대한 드러내지 않도록 밝은 표정을 짓는 연습을 매일 하였다.

영화 『우아한 세계』(한재림, 2006년) 강인구(설경구)는 조직에서는 중간 보스로 '형님'이라 불리지만 평범한 가정을 꾸리며 살아간다. 조직의 2인자 '노상무(윤제문)'는 친형 노회장(최일화)의 편애를 받는 인구를 질투하고 핍박하며 미묘한 긴장감이 흐른다. 치열하고 더러운 조직생활에서 가족의 부탁으로 손을 떼고 싶지만 그것마저도 쉽지 않고 가족들을 부양해야 하는 우리 아버지의 모습을 그려냈다. 인구가 소속된 곳이 조직생활을 하는 흔한 직장은 아니지만 어디에서 직장 생활을 하든 경쟁하고 누군가를 눌러야만 더 높은 위치로 오를 수 있는 점은 공통적이다. 힘들어도 웃어야 하는 강사와 아버지의 삶은 밖에서는 짠하고 고되지만 집 안에서는 모든 고통과 스트레스가 씻겨 내려가 다시 살아갈 힘을 얻는다는 점에서 닮았다.

강사가 되고 안 좋은 일이 생길 때마다 기운을 북돋아주는 나만의 의식이 있다. 굳었던 안면에 미소가 찾아오도록 얼굴 스트레칭을 한다. "아-에-이-오-우" 발음하고 입 주변 근육을 풀고서 "개구리 뒷다리"라고 소리 내며 입꼬리를 한껏 올린다. 그리고 "나는 할 수 있어!"라고 주먹을 불끈 쥐며 내면의 나에게 대화를 시도하여 기운을 냈다. 어떤 때에는 화장실에서 작게 혼 잣말로 소리 냈다고 생각했는데 그만 큰 소리를 내어 주위에서 흘깃흘깃 보는 눈총에 뒤통수가 뜨거워서 민망했던 적도 있다.

긍정적인 마인드와 좋은 생각이 내 표정을 만들고 즐거운 얼굴을 본 관객에게 행복한 기운이 고스란히 전달될 수 있다. 스피치는 언어와 비언어적인 표정 등으로 이루어진다. 얼굴 표정이 자유롭지 못하고 굳어 있으면 내 감정이나 생각은 효과적으로 전달하는 데에 곤란하다.

사회 전반으로 퍼지고 있는 '언택트' 바람이 취업시장에서 불고 있다. AI(인공지능)면접은 코로나19 확산을 타고 전국적으로 시행하고 있다. 이때 AI(인공지능)면접에서 중요한 핵심 사안은 답변 내용과 문장의 완성도보다 표정과 시선처리 등 비언어 분야에 따라 합격 당락이 좌우된다고 전문가들은 말한다. 그만큼 의사전달 함에 있어서 비언어적 표현은 진심의 마음을 전하는 강력한 소통 창구이다.

평소 내 표정과 말하기는 어떠한지 습관을 진단하기 위해서 영상을 찍고 점검해보자. 내 말이 겉으로 드러난 심리 상태로 인해 자신감 있고 안정적인 모습으로 보이는 데 방해받지는 않은지 이번 기회를 통해 변화의 마중물로 작용하길 바라본다.

■ 매일 웃는 3단계로 생동감 있는 표정 연습을 하자!

1단계	▶ 거울이나 카메라로 표정 점검하기 ① 무표정한 상태의 표정과 연습한 후의 표정을 비교해보자. ② 주변에 몰래 사진을 찍어달라고 부탁하여 무의식중의 표정을 점검해 보자.

2단계	▶ 입 꼬리 올리고 10초간 연습하기
	① 입에 볼펜을 물고 10초 간 연습하자.
	② 손을 입에 대고 엄지와 검지를 이용하여 입 꼬리를 10초간 올리자.
	③ 입을 다문 채 입 꼬리를 위로 한 후 10초 유지하자.
	④ 광대 올리며 10초간 연습하자.
	  ☞ 오른쪽(왼쪽) 눈에 윙크를 하면서 오른쪽(왼쪽) 광대를 올리자.
	⑤ 눈웃음 10초간 연습하자.
	  ☞ 윗니를 보인 상태에서 눈을 크게 뜨기
	  ☞ 눈을 살짝 감는다는 느낌으로 고개를 들어 '눈 꼬리와 입 꼬리'가
	   서로 만난다는 느낌으로 표정 짓기

3단계	▶ 종합(입 꼬리, 광대, 눈) 연습하기 ① 윗니가 보이는지 확인 ② 광대가 올라가는지 확인 ③ 눈이 초승달 모양인지 확인

| 중요한 순간에 잊지 말고 기억하자! |
1) 중요한 면접이나 발표 일주일 전부터 연습하기
2) 중요한 미팅 3분 전 연습하기

9. 한 페이지 작성, 삶을 앞으로 나아가게 하는 강력한 힘

....

99퍼센트의 사람들은 현재를 보면서

미래가 어떻게 될지를 예측하고

1퍼센트의 사람만이 미래를 내다보며

지금 어떻게 행동해야 할지 생각한다.

– 간다 마사노리

"◎◎에 대해 얘기해 주실 수 있나요?"

갑작스러운 발표 요청에 굉장히 당황해한다. 오랫동안 무대
에 서서 대중 스피치를 가르쳤던 나도 예정에 없던 강의를 부
탁받는다면 무척 황당하고 서두부터 갈피를 못 잡아 눈앞이
캄캄해지는 경험을 할 게 분명하다. 강사로서 잘하고 싶고 잘
보이고 싶은 욕망과 혹시 무대에서 실수 혹은 망신을 당하지
않을까 하는 염려가 소극적인 자세를 취하게 한다.

유년시절에도 선생님이 갑작스럽게 내일 쪽지시험을 본다
고 공지하면 평소에 예습과 복습을 소홀히 했던 나는 내일이

오지 않기를 간절히 바란다. 손 놓을 수 없어 그날부터 부랴부랴 한 페이지로 키워드만 정리하고 요약해서 외우기 시작한다. 지금 생각해보면 성적이 좋았던 과목은 서둘러서 외워도 개념과 흐름이 눈앞에 그려졌다.

영화 『패터슨』(짐 자무시, 2017년)에서 주인공 패터슨(아담 드라이버)은 취미로 시를 쓰며 단조로운 일상의 따분함과 지루함에서 벗어난다. 매일 똑같은 시간에 기상해서 가볍게 시리얼을 먹으며 저녁에는 동네 바에 들러 하루를 마무리한다. 그는 어제와 다른 사람들과 그날의 이색적인 풍경을 포착하며 짧은 시로 소회를 밝힌다. 자신만의 소확행(소소하지만 확실한 행복)을 즐기고 인생을 사는 태도와 발자취가 고스란히 시로 기록되는 모습이 인상적이었다.

만약에 주인공처럼 가벼운 일상에 작은 의미를 부여해 일기 혹은 짧은 시로 자주 고뇌했다면 어제보다 내일이 기다려지고 귀중한 오늘을 살고자 했을 것이다.

패터슨의 삶에서 소박하고 의미 있게 사는 삶에 대해 고민해보았고, 사물의 본질을 찾아내는 감성과 통찰력을 기를 수 있었다. 이것을 접목해서 수업에서 배웠던 개념과 원리, 유형을 음미하면서 자주 적어보고 시처럼 짧게 요약하여 전체적인 틀을 일목요연하게 정리한다면 잦은 실수를 줄일 수 있다.

암기해서 쓰거나 말하는 건 키워드를 잘 정리하면서 머리에 쏙쏙 담는지에 따라 성취도의 차이가 크다. 기억에 많이 남을수록 즉흥적으로 말을 풀어나가도 어색하지 않고 당당하고 카리스마 넘치는 모습을 뽐낸다. 돌발적인 상황에도 문제의 취지와 목적에 접근하여 문제 해결에 이를 수 있다. 주로 시나리오가 자주 바뀌는 영화·드라마 등에서 그들의 방식인 한쪽 분량의 메모를 인터넷에서 쉽게 찾아볼 수 있다. 오랜 세월의 역사를 가진 현장에서 쓰는 요령을 터득하면 즉흥 스피치에 겁먹거나 걱정하는 모습에서 영원히 작별 인사할 수 있다.

배우 신현준 씨는 재치 있는 애드리브와 실감 나는 연기자로 사랑받는다. 그런 그가 SNS 계정에 〈울랄라 부부〉(KBS 드라마)의 대본을 공개하며 누리꾼 사이에서 화제가 되었다. 즉흥적으로 말하는 주옥같은 대사가 철저한 준비와 고민을 담아 나오게 되었다는 것을 형광펜과 볼펜으로 꼼꼼하게 적어둔 그의 노력에서 엿볼 수 있었기 때문이다.

취업시장은 면접자를 짧은 시간 내에 날카로운 질문을 거쳐 인성과 직무능력을 판단해야 한다. 면접관은 우리 회사의 적합한 인재 여부를 알아보기 위해 다양하고 심층적인 질문을 던진다. 대기업 면접 10곳을 나란히 최종 합격한 오○○ 양은 면접 답안을 한 페이지로 단순화하여 뇌에서 연상 작용을 이용해서 면접장에서 자신감 있게 말했던 부분이 호평을 받아 원하는 기업에 갈 수 있었다고 한 언론사에 인터뷰한 기사를 본 적이 있다.

대학 진학을 목전에 둔 수험생을 위해 면접 교육을 실시한 적이 있다. 그는 글로벌 조리학과에 입학하고 싶어서 고등학교 1학년부터 차근히 준비한 모범생이었다. 자격증과 어학능력, 수상 경력이 그의 열성을 말해주었다. 하지만 그에게도 치명적인 고민이 있었다. 열정이 과한 나머지 준비한 답변을 제대로 구술하지 못하였다.

목표의 정점에 이르러 어깨를 짓누르는 부담감으로 말이 꼬여서 그의 진심이 상대에게 닿는 데 무리가 있다고 진단하였다. '급할수록 돌아가라'고 주문하였다. 지원 동기, 자기소개서, 빈출 질문에 대한 답변을 키워드 3~4개로 한 페이지 안에 간결하고 단순하게 적도록 하였다. 간단하게 생각하여 자신감과 확신을 심어주고 면접관의 머릿속에 그림을 그릴 수 있도록 반복 연습을 하였다. 진합태산(塵合泰山)이라는 말을 마음속으로 두고 가르쳤다.

놀랍게도 며칠이 지나면서 떨리는 음성은 확신에 찬 목소리로 바뀌었고 그는 우수한 성적으로 입학하여 지금은 유명 레스토랑에 조리사로 일하고 있다.

세계 굴지의 기업은 생산성의 핵심인 단순화와 집중화 전략을 편다. 복잡함을 제거한 후에 가장 본질적인 언어의 에너지를 집중해야만 원하는 목표에 이를 수 있다. 스피치도 마찬가지이다. 짧고 명료하게 군더더기 없이 한 단어, 한 문장, 한 쪽 분량으로 명쾌하게 내 생각을 드러낼 수 있어야만 한다. 그래야만 전체를 바라볼 수 있는 안목을 키울 수 있고, 전체적인 흐름을 인지하며 조리 있게 말을 잘하는 사람으로서 인정받게 된다.

■ 질문을 활용한 탄탄한 대본 작성 노하우를 익히자

1단계	▶ 명확한 질문을 설정하면 정보의 질이 높아진다. Q. 당신의 취미는 무엇일까요? ⇒ 제 취미는 수영입니다.				

2단계	▶ 육하원칙(5W1H)에 기반하여 키워드를 추출한다.				

어디서	수영장	바다	해외	국내	호수
언제	오전	오후	저녁	심야	
어떻게	혼자	친구	교육	유튜브	
무엇	자유형	배영	접영	오리발	평형
왜	건강	박태환	대회 참가	몸매	
누구	가족	아내	동생	형	친구
횟수	일주일에 1회	일주일에 3회	일주일에 4회	일주일에 5회	일주일에 7회
실력	초급	중급	고급	연수	준프로

3단계	▶ 질문을 통해 답변(내용)을 구체화한다.

수영은 주로 어디서 하는가?	집 근처에 실내수영장에서
수영은 언제 하는가?	평일에는 출근하기 전, 주말에는 주로 오전
수영은 어떻게 하는가?	정기 교육을 통해
수영은 무엇을 하는가?	부족한 영법 위주로 연습
수영은 왜 하는가?	영웅 박태환을 보고 내회에 참가하고 싶은 열정이 생김
	허리가 아파 수영을 하게 됨
	체중조절을 통해 몸짱에 도전
수영은 누구와 하는가?	평일에는 혼자, 주말에는 배우자
수영은 일주일에 몇 번 하는가?	일주일에 4회
수영은 시작한지 얼마나 되었나?	3년

4단계	▶ 말하는 순서를 정한다. 수영은 왜 하는가? → 어디서 하는가? → 수영은 일주일에 몇 번 하는가? → 어떻게 하는가? → 누구와 하는가? → 언제 하는가? → 무엇을 하는가?
5단계	▶ 대본으로 구체화하기 하계 올림픽에서 박태환 선수가 금메달을 따는 모습을 보고 수영에 관심이 생겼다. 평소에 허리가 아파 수영을 하게 되었고, 체중 조절을 통해 몸짱에 도전하고 대회에 참가하고 싶은 열정이 생겼다. 주로 수영은 집 근처에 수영장에서 일주일에 4회 운동하고 있다. 교습을 통해 실력을 쌓고 있다. 평일에는 아내는 아침잠이 많아 혼자 배우러 가고, 주말에는 아내와 함께 운동하고 있다. 평일에는 출근하기 전에 하고, 주말에는 바쁜 일이 없으면 주로 오전에 수영을 하러 간다. 부족한 부분은 주말에 자유 수영을 통해 보완해 나가고 있다.

| Memo |

꾸준한 습관으로 인생 바꾸기

'끈기와 인내로 목표를 이루고 꿈을 완성하다'

1. 마음을 단련하고 풍요롭게 해줄, 감사일기
   - 센스 있는 건배사로 멋진 분위기를 만드는 공식을 연습하자

2. 영감을 주는 말 따옴표, 명언 활용하기
   - 말하고자 하는 효과를 거두기 위해서는 청중 분석(3P)이
     필수적이다.

3. 매혹적인 영화 속 한마디가 내 말의 첨병이 되다
   - 또렷하고 부드러운 발음 교정을 위한 모음 발음을 연습하자

4. 꿈을 기록에만 그치지 말고 꿈을 실현하도록 나를 던지자
   - 말 안에 리듬감을 넣어 생명력을 불어 넣어 말하자

꾸준한 습관으로 인생 바꾸기

"끈기와 인내로 목표를 이루고 꿈을 완성하다"

1. 마음을 단련하고 풍요롭게 해줄, 감사일기

세상에서 가장 지혜로운 사람은
'배우는 사람'이고
세상에서 가장 행복한 사람은
'감사하며 사는 사람'이다.

3일 동안 겪은 낯선 뉴욕의 뒷골목에서 기성세대의 위선과 비열함에 절망한 주인공의 청소년기를 그린 미국의 대표적 소설이다. JD 샐린저『호밀밭의 파수꾼』(1995년)에서 주인공 홀든 콜필드는 명문 사립학교에서 퇴학을 당해 머물 곳이 없어 호텔에 머문다. 집으로 돌아가면 가만히 있지 않을 아버지를 떠올리면 차마 발걸음이 떨어지지 않는다. 바닥까지 내동댕이 친 자존감에 절망할 때에 방 너머로 남녀가 서로에게 와인을 뿌리며 흡족해하는 모습을 보았다. 그걸 본 콜필드는 "학교에서는 나만 문제아였는데 여기 와서 보니 나만 정상이네."라며 속삭인다. 자신을 스스로 위로하고 토닥이며 들끓는 마음을 바꾼다.

한없이 불우했던 오프라 윈프리의 어린 시절은 누구도 감당하기 힘든 삶을 살아왔지만 하루에 다섯 가지씩 적는 감사 일기를 통해 자신의 삶이 180도 바뀌었다고 말한다. 그녀는 발군의 공감능력으로 토크쇼 분야에서 영향력 있는 여성으로 우뚝 섰고, 따라다니는 수식어는 샘이 날 정도로 많다. 감사 일기는 자신에게 '감사의 근육'을 키워준다. 울퉁불퉁하게 우람해지면 앞이 캄캄한 어두운 상황에서도 등불을 밝힐 '감사할 수 있는 능력'이 생긴다.

강사로서 성장이 둔화되고 답보 상태에 놓여있던 나에게도 감사 일기는 돌파구였다. 자존감을 주제로 한동안 고민했다. 표현 방법, 말의 의도, 단어의 선택과 의미에 따라 파급력은 달라진다. 살 떨리는 긴장감과 잘해야 한다는 부담감에 매몰되어 탐구할수록 자존감은 반비례하여 오히려 낮아졌다. 내가 하고 싶은 말을 자주 속이고 다른 말을 하게 되면서 겉과 속이 다른 나 자신이 미워졌다. 스스로를 낮게 평가하였다.

'진정한 욕구'와 '나 자신을 존중하겠다'고 결심하고 썼던 '감사일기'는 내 마음의 단비를 선사하였다. 하루 동안 일어난 일을 5가지를 적는다. 거창하거나 화려하지 않은 지극히 일상적인 삶 속에 이야기를 담는다.

"얄미운 말을 하는 동료의 뺨을 치지 않은 인내력을 주셔서 감사합니다."
"오늘도 강의실에 갈 수 있는 기회를 주셔서 감사합니다."
"웃을 수 있도록 친구가 곁에 있어 감사합니다."

이런 일을 매일 같이 일기에 적으면 자주 성공 사다리를 놓을 수 있다. 인생을 바꾸는 문으로 곧장 내달리는 황금열쇠인 셈이다. 대중이 많더라도 두려움보다 설렘과 느긋한 태도를 습관 덕에 갖게 되었다. 평온한 마음을 유지할수록 강의평은 무척 좋아졌고 그때 얻은 자신감은 나에게 많은 변화를 선사하였다.

영화 『김씨 표류기』(이해준, 2009년)는 김씨 성을 가진 한 남자(정재영)가 애인과 헤어지고 백수로 빚까지 져 삶을 방황하다가 한강 다리에서 투신한다. 자살 시도는 실패하고 죽는 것도 쉽지 않다고 푸념하며 한강 밤섬에서 야생으로 살아간다. 세상과 단절하며 살아가는 남자를 한 여성(정려원)이 망원경으로 우연히 발견하고 외계인으로 착각한다. 여성은 교신하기 위해 병 속에 편지를 넣어 밤에 몰래 섬으로 던졌다. 그것을 받은 남성은 모래 바닥에 글씨를 새겨 답한다.

말과 공감을 나누는 서로 간의 대화로 보기에는 무리가 있고 나 자신에게 전하는 희망과 내면 가장 깊은 곳에서 '스스로에게 말을 거는 행위'로 볼 수 있다. 두 남녀 주인공은 사회와 단절한 채 비관적으로 살지만 서로를 의식한 채 점차 변화한다. 자신에게 말을 걸며 삶을 바라보는 긍정적인 마인드로 살아갈 때에 인간의 위대한 가능성을 실현할 수 있다는 걸 보여준다.

안네 프랑크가 쓴 『안네의 일기』(안네 프랑크, 문학사상사)를 보면 제2차 세계대전 중에 나치의 유대인 박해를 피해 가족, 동료들과 네덜란드의 암스테르담의 은신처로 숨어 들어간다. 2년이 넘는 은둔 생활 속에 전쟁과 죽음에 대한 두려움, 가족과의 갈등, 쓸쓸함 등과 싸운다. 하지만 그와 동시에 소소한 일상의 즐거움, 자유에 대한 의지와 미래를 향한 희망 등으로 스스로를 지켜 그 모든 감정을 일기에 쏟아낸다.

이때 안네가 지친 상황에 포기하였다면 지구상에서 성경 다음으로 가장 많이 읽힌 책이 탄생했을지? 아니다. 그녀가 마지막까지 희망의 끈을 놓지 않아 명작이 내 손안에서 다시 되살아났을 것이다.

감사 일기를 쓴 지 벌써 3년이 되었다. 그 위력은 그저 놀랍다. 가랑비에 옷 젖는다는 말이 있듯이 나뿐만 아니라 다른 사람들도 행복으로 물들이며 슬프거나 공통적인 상황에서도 의연하게 대처할 수 있도록 희망을 찾아낸다.

스피치는 많은 사람들이 굉장히 두려워 한다. 그런데 대중은 괴물이 아니다. 그저 당신의 이야기를 들으려고 온 평범한 관객에 불과하다. 직면하고 싶지 않은 순간이 있을 때마다 감사일기를 자주 쓰게 되면 우리의 잠재의식은 놀라울만한 꽃을 피우게 된다.

■ 센스 있는 건배사로 멋진 분위기를 만드는 공식을 연습하자

1단계	▶ TOP (먼저): 상황을 먼저 고려를 해라. - T(Time): 시간 - O(Occasion): 상황 - P(Place): 장소 ◆ 격식적인 분위기에는 격식 있게 말을 해야 하고, 비 격식적인 분위기라면 자유로운 상황에 맞추어서 말할 준비를 하면 된다.

2단계	▶ TEC (기술): 기술 있게 말해라.
	
	- T(Thanks): 감사함을 꼭 표시
	  귀중한 자리에서 건배 제의를 할 수 있는 영광을 주셔서 감사합니다.
	- E(Episode): 에피소드를 말해야 함
	- C(Closing And Cheers): 마무리 멘트와 건배사
	  오늘 모이신 여러분, 평생 '청바지' 하시길 바랍니다.
	  제가 '청춘은 바로 지금!'이라고 외칠테니 여러분은 '청바지'를 '청바지' '청바지' '청바지' 이렇게 3번 외쳐주시면 됩니다. '청춘은 바로 지금!' '청바지, 청바지, 청바지!'
	
	◆ 행사와 관련하여 준비된 에피소드가 있으면 으뜸이지만, 그렇지 않다면 행사 취지와 연관된 일반적인 이야기를 준비한다.

3단계	▶ 마지막으로 5단계를 기억하자. ① 전체를 둘러보고 여유로운 눈빛을 보낸다. ② 술잔에 잔을 채워주실 것을 제안한다. 만약에 술을 못 드시는 분이 있더라도 물이라도 채워주기를 부탁한다. ③ '감사함'은 형식적이더라도 이 말을 하면 격식 있고 겸손해 보인다. ④ 건배사는 선창을 힘 있게 말해야 후창도 열정적으로 나온다. ⑤ 건배사가 끝나면 박수로 마무리한다.

■ 멋지고 외우기 쉬운 건배사 모음

박보검: 박수를 보냅니다. 겁(검)나게 수고한 당신께

청바지: 청춘은 바로 지금부터!

오징어: 오래오래 징그럽게 어울리자

원더풀: 원하는 것보다 더 잘 풀리자

마취제: 마시고 취하고 제일 잘 놉시다.

사이다: 사랑을 이 술잔에 다함께 원샷

고고고: 선배는 끌어주고 후배는 밀어주고 스트레스는 날리고

(프랑스식) 드숑~~~ 먀숑~~~

마당발: 마주앉은 당신의 발전을 위하여

너나잘해: 너와 나의 잘나가는 한 해를 위하여

당나귀: 당신과 나의 귀중한 만남을 위하여

동사무소: 동료를 사랑하는 것이 무엇보다 소중하다

개나리: 계(개)급장 떼고 나이는 잊고 릴렉스 하자

진달래: 진하고 달콤한 내일을 위하여

이멤버 리멤버: (선)이멤버 (후)리멤버

재건축: 재미있고 건강하게 축복하며 살자

마무리: 마음먹은 것은 무엇이든 이루자

아이유: 아름다운 이 세상 유감없이 살다가 가자

누나언니: 누가 나의 편? 언제나 니(네)편

여기저기: 여기 계신 분들의 기쁨이 저의 기쁨입니다.

변사또: 변함없는 사랑으로 또 만납시다.

소화제: 소통과 화합이 제일이다

나가자: 나도 잘되고 가(그)도 잘되고 자(저)도 잘되고

오바마: 오늘은 바래다줄게 마시자

단무지: 단순, 무식하게, 지금을 즐기자

이기자: 이런 기회를 자주 만들자

모바일: 모든 일이 바라는 대로 일어나라!

통통통: 의사소통, 운수대통, 만사형통

풀풀풀: 남자는 파워풀 여자는 뷰티풀 우리는 원더풀

오행시: 오늘도 행복한 시간을 보내자

마무리: 마음 먹은대로 무슨 일이든 리(이)루자

뚝배기: 뚝심있게! 배짱있게! 기운차게!

2. 영감을 주는 말 따옴표, 명언 활용하기

···

그 사람의 얼굴을 보면 인생이 보인다.

그 사람의 얼굴만 따라하는 사람이 아니라,

좋은 점까지 따라할 수 있는 개그우먼이 되겠다.

– 개그우먼 박나래

균형 발전 콘텐츠 큐레이터로 활동하며 테마 주제별로 적합한 충청도민을 취재하고 인터뷰하였다. 농사를 오래 경작한 몸이 불편한 분이었다. 나는 차 한 잔을 준비해오겠다고 근처 슈퍼에 갔다. 그가 편하게 그 공간을 눈에 담도록 하고 싶었다. 성급하게 다가가 자초지종 설명도 없이 묻는 건 상당한 실례이고 말을 막는 행위다.

시원한 음료를 들고 가니 아까보다 한결 푸근한 표정이다. 차를 한 모금 마시며 자신이 수려하게 말을 잘하지 못한다고 실토한다. 그분이 대화에서 능숙하고 기교 있게 잘하는 건 중요하지 않았다. 자신의 경험과 생각을 담백하게 듣고 싶었다. 젊은 청춘들이 시골에 사는 어른에게 듣는 교훈을 생생하게 전하는 메신저가 되는 게 꿈이었다.

그의 초롱초롱한 눈빛은 이마의 깊게 새긴 주름살만큼이나 연륜과 휘몰아치는 격변의 세월을 잘 마주 해왔을 거라는 짐작이 들게 했다. 그와의 대화가 기대되었다. 몸이 천천히 떨리시는 게 보였다. 분명 긴장하고 계셨다.

"선생님의 인생을 좌우명이나 명언을 활용해서 표현해 주실수 있나요?"
"저는 적토성산(積土成山)의 삶을 살아왔어요. 젊은 시절부터…"

그의 이야기는 한참이 되어서야 끝났다. 길게 느껴지지 않았다. 살아있는 눈빛 속에 삶에 대한 애정이 느껴졌다. 인터뷰를 자주 하면서 처음에 자기소개를 부탁드리거나 질문을 대뜸던지면 언론인이 아닌 이상 쉽게 말을 꺼내기 어려워 한다. 그래서 자주 쓰는 방법이 있다. 바로 명언이나 좌우명으로 가볍게 묻는다.

백이면 백 명이 간단한 질문보다 조금 설명이 필요한 이런 질문을 통해 긴장이 풀려 말을 부드럽게 잘 이끌어 간다. 처음에 강의를 위한 사례를 모으기 위해 쓰기 시작한 일기였는데 매일 같은 주제와 일상으로 지겹기도 하고 따분하였다. 그때부터 명언을 활용하여 내 사례에 접목하는 연습을 하자 새로운 아이디어가 솟구쳐 스피치에 적용한다.

'용두사미(龍頭蛇尾)'라는 단어는 매사에 끈기 있게 하지 못하여 원하는 바를 끝까지 이루지 못하는 사람을 일컫는다. 스피치를 가르치는 강사가 되면서 '용두사미 스피치'를 하라고 주문한다. 스피치에서 초두효과는 지친 연인에게 힘이 되는 달콤한 말을 전하는 에너지와 같이 매우 강력한 단어이다. 대중 스피치에서의 시작은 본문의 내용보다 더 중요하다고 해도 과언이 아니다. 처음을 잡아야만 끝까지 시선을 사로잡을 수 있다. 방송에서 첫 오프닝에 신경 쓰는 이유다. 이때 유명인이거나 저명한 학자들의 말을 인용해서 말하면 당신은 준비된 사람으로 인식되어 위기 속에서도 빛날 수 있다.

영화 『내 인생의 마지막 변화구』(로버트 로렌즈, 2012년)에서 거스 로벨(클린트 이스트우드)은 선수의 장점과 미래 가치를 간파하여 선발하는 메이저리그 최고의 스카우터이다. 그는 나이가 들면서 시력도 떨어지고 그의 판단을 의심하기 시작하는 구단과 갈등한다. 선수의 기량을 통계자료를 통해 판단하는 추세와 다르게 현장감을 고집하는 경영진은 급기야 퇴물 취급하기에 이른다. 보(죠 마싱글)는 홈런을 많이 치는 강타자로 구단 사이에서 주목받았다. 거스 로벨은 그가 변화구의 약점을 보여 그의 입단을 반대하였으나 경영 수뇌부는 그의 말을 무시한다.

이런 사실을 알았던 그의 딸(에이미 아담스)은 아버지를 돕고자 우연히 땅콩을 파는 소년이 야구의 천부적인 재능이 있음을 한 번에 알아보고 그를 데려와 경영진이 보는 앞에서 보를 시험하는 자리를 마련한다. 자세, 타법, 공을 타격하였을 때의 소리 등을 들었던 그의 연륜은 보가 변화구 대처의 취약하다는 점을 구단 관계자 모두에게 증명해냈다. 언제나 정리해고 대상이었던 그가 재평가 될 수 있었던 비결은 꾸준한 성실함과 인내에서 비롯된다.

방송인 김제동 씨는 언중유화(言中有話)의 스피치를 구사하며 대중을 사로잡는 화려한 재치와 입담을 구사한다. 말에 그림을 그리듯이 예화를 재치 있게 희망의 언어로 전달하므로 그의 말은 언론에 조명되고 새롭게 재해석된 정보가 많아 관심을 끈다. 특히 그는 명언을 잘 쓰기로 유명하다. 평소 신문을 스크랩하며 외우고 기억하는 습관 덕택이라고 인터뷰한 기사를 본 적이 있다.

그의 말을 보면 자신의 말을 네모난 틀에 가둔다. 그리고 그 자리의 적합한 상황을 화제로 삼거나 예를 들어 표현한다. 자주 명언을 쓰는 습관 덕에 우리의 입에서 자주 회자될뿐만 아니라 언변 좋은 연예인으로도 선정된 비결이다. 오바마나 링컨 등도 그가 말하는 단어와 문장 하나에 굉장한 공을 들였다고 익히 알려져 있다.

"진정으로 웃으려면 고통을 참아야 하며, 나아가 고통을 즐길 수 있어야 한다."

스피치는 명언을 적고 쓰고 표현하는 매일의 노력과 철저한 인내가 있어야만 내 말의 달달한 향기를 풍길 수 있다. 평소 책을 많이 읽고 영화를 보고 난 다음에 좋은 문장이나 영화 대사를 스피치 노트에 옮겨 적거나 외우는 습관을 갖도록 하자!

■ 말하고자 하는 효과를 거두기 위해서는
  청중 분석(3P)이 필수적이다

P(People) **학습자 분석**	▶ 학습자의 수에 따라 - 학습자의 수(15명 정도)가 적은 경우 ⇒ 친근함 〉 전문성 ∴ 가벼운 에피소드를 말하거나 개인적인 이야기 가능 - 학습자의 수(15명 정도)가 많은 경우 ⇒ 친근함 〈 전문성 ∴ 논리적인 내용, 보편타당한 상식적인 이야기 가능 ▶ 학습자의 지식 수준 - 미리 관련 주제로 들어본 사람이 있거나 관심도에 따라 결정 ∴ 학습자의 지식 수준이 ↑ ⇒ 전문적인 〉 유흥적인 ∴ 학습자의 지식 수준이 ↓ ⇒ 전문적인 〈 유흥적인
P(Purpose) **발표 목적**	▶ 발표자가 발표하는 목적 ∞ 학습자가 기대하는 목적 - 말하기가 설득을 위한 혹은 설명을 위한지 기초 방향을 설정
P(Place) **장소 분석**	▶ 발표하는 장소의 위치 - 강의장 가는 교통편과 소요시간 파악 ▶ 강의실에 수용 인원과 환경 - 수용 인원의 무대 크기 - 청중이 서로 바라보고 앉는지 일렬로 칠판을 향해 앉는지 - 컴퓨터, 칠판, 펜, 포인터, 마이크 등 모두 작동이 잘 되는지

| Memo |

3. 매혹적인 영화 속 한마디가 내 말의 첨병이 되다

....

우리의 행동은 단순한 돌진이 아니라
노력해서 얻어진 고요함에서 비롯되어야만 한다.

– D.H. 로렌스

유튜브(동영상 공유 서비스)를 보면 세상을 알 수 있다. 최근에 인기 있는 크리에이터와 추세를 읽을 수 있어 안방 드나들듯 매일 접속한다. 교육에 관심이 많아 김미경, 김창옥, 조승연 강사님들을 구독하여 강의를 주로 본다. 요즘에 코로나19로 영화관에서 영화를 볼 수 없어 '최태성의 영화 속 역사 이야기'를 틈나는 대로 시청한다. 영화 속에 색다른 관점과 해설을 들으면 영화가 더 재미있고 역사까지 덤으로 알게 되어 텔레비전보다 더 많이 찾게 된다.

영화가 주는 메세지를 강의에 써먹거나 예시를 들어 설명할 때에 청중의 몰입도가 높다는 건 나도 익히 알고 있어서 시도해보고 싶었다. 마침 점심시간에 약 1시간가량의 스피치 강의를 해달라는 부탁이 있었다. 식사를 하는 중간에 강의를 하기는 처음이어서 당황스러웠다. 결코 거부할 수 없어 영화에서 주는 시사점을 영화의 영상과 함께 전달하면 나도 최태성 강사처럼 재미있게 이끌어 갈 수 있다고 판단하였다.

그의 강연을 유심히 살펴면서 노하우와 포맷을 따라 하며 시간과 슬라이드를 적절하게 배치하였고, 일방적인 강연이 아닌 스낵 먹듯 편하게 들을 수 있도록 배려한 점들이 잘 맞아떨어져 매우 성공적으로 강연을 마무리하였다.

그때부터 청중의 관심도와 새로운 시각으로 바라볼 수 있는 안목을 키우기에 제격인 영화 평을 꼭 쓴다. 기발한 영감이 떠오르면 평소의 익숙함과 결별하려고 노력한다. 낯익다는 건 나를 가두는 보이지 않는 틀로 작용할 수 있기 때문이다.

전문가들이 언급하는 훌륭한 비평은 영화상의 인물과 주제를 통해 작품의 의미와 가치를 깨닫게 한다.

영화 『기생충』(봉준호, 2019년)은 상반되는 삶을 사는 두 가족을 중심으로 빈부격차와 계급·계층 간 단절을 통렬히 비판하였다. 교과서에서 배운 이론은 딱딱하고 어렵게 느껴져 심각성을 체감하지 못하였다. 반지하, 박스 접기 아르바이트, 운전

기사, 가정부, 박 사장, 세상사와 매우 밀접한 단어로 보편적 주제지만 사회적 불평등의 문제를 함께 고민해보는 계기가 된 영화로 평가받는다. 관객을 설득하는 논리적 개연성과 전개 방식이 물 흐르듯 자연스러워 전 연령층의 공감을 얻었다. 그 결과 2019년 한국 영화 100년 역사상 최초로 칸 영화제에 황금 종려상을 비롯해 해외 유수의 영화제에서 상을 휩쓸었다.

커뮤니케이션 컨설팅 회사 Public Words의 창립자인 닉 모건은 정보의 홍수 속에 사는 시대에 리더는 스토리텔링이 없으면 경청을 얻어낼 수 없다고 말한다. 사실과 수치, 합리적인 통계 결과는 중요하지만 우리의 마음속에 오래 남아있지 않는다. 하지만 스토리는 잊히지 않고 평생 기억된다. 좋은 스토리를 만들고 공유하는 연사가 다른 사람들에 비해 더 큰 이점을 갖는다.

영화는 캠핑에서 빠질 수 없는 라면 스프와 같은 스피치에서 탁월한 재료이다. 주말 아침잠을 깨우는 방송이 있는데 그건 영화 소개 프로그램이다. 신작부터 명작을 소개하는 코너까지 모든 지상파, 케이블 채널에 하나씩은 꼭 편성된 효자 방송이다. 그만큼 영화는 삶 속에서 떼려야 뗄 수 없는 함께하는 동반자다. 영화를 사랑하는 역사가 굉장히 오래되었다는 점이 반증한다.

코로나 확산 전에는 한 달에 두 번 정도 영화관을 찾았다. 영화를 보면 지친 심신을 달래주기도 하고 가슴 뛰는 장면에서는 애틋하고 아련했던 날들이 절로 떠올라 티켓 매표소에 서 있으면 흥분되었다. 그런데 이제는 세상의 가치를 따뜻하게 전파하는 기폭제가 될 영화 속 내용이 강사로서 다가올 미래를 꿈꾸는 나를 흥분하게 만든다.

■ 또렷하고 부드러운 발음 교정을 위한 모음 발음을 연습하자

▶ (기본) 모음을 정확히 발음하려면

아	입안을 크게 벌려주고 턱을 완전히 아래로 빼서 계란을 세로로 세운 모양처럼 입 모양을 만듦
애	입을 가로로 벌려주는 모양. 입 꼬리가 미소 짓듯이 위로 향해야 함
이	입을 가로로 쭉 찢는 느낌으로 '애'보다 입 꼬리에 힘이 더 가해짐
오	입술을 모아 원을 그린다고 생각하면 됨
우	오리 입술처럼 입술을 앞으로 쭉 내밀어 주면 됨

▶ (심화) 어려운 발음 문장 연습

① 신종 코로나바이러스 감염증이 재확산되면서 배달 전쟁은 더욱 치열해지고 있다. 배달 주문이 폭증하면서 배달 지연에 따른 피해 사례도 이어진다. 이 씨는 "배달원이 여러 개의 주문을 받아서 여러 곳을 들렀다가 오니 동선에 따라 배달에 걸리는 시간을 복불복"이라며 "최근 음식을 주문할 때 배달 지연을 여러 번 겪었다"고 말했다.

② 일일 신규 확진자 수는 지난달 27일 400명대(441명),

28~29일 이틀간 300명대, 30~2일 나흘간 200명대로 점차 감소세를 보이다 이날 100명대 후반까지 떨어졌다. 신규 확진자 수가 200명 아래로 내려온 것은 최근의 수도권 유행 초기 단계인 지난달 17일 이후 17일 만이다.

③ 3일 코스피는 전 거래일보다 31.53포인트(1.33%) 오른 2,395.90에 장을 마쳤다. 전 거래일보다 18.89포인트 (0.80%) 오른 2,383.26로 출발한 코스피는 장중 2,400 선을 돌파하기도 했다. 하지만 이후 상승폭을 줄이며 2,400선 목전에 거래를 마쳤다.

| 매 순간 잊지 말고 기억하자! |
- 입을 최대한 크게, 틀려도 정확하게 발음하기
- 숨을 마시고 뱉으며, 강조하고 싶은 부분에는 배에 힘을 주고 연습하기

4. 꿈을 기록에만 그치지 말고 꿈을 실현하도록 나를 던지자

세상에는 말과 행동으로 자신의 목적지를 밝히는
사람에겐 길을 양보하는 습관이 있다.

-나폴레옹 힐

며칠 전 고희를 바라보는 임하룡 씨가 황혼의 버킷리스트 중 하나인 뮤지컬 무대에 선다는 걸 보고 대단하다는 걸 새삼 느꼈다. 영화, 드라마, 코미디 등 여러 방면에 잔뼈가 굵지만 뮤지컬은 춤과 노래를 한꺼번에 소화해야 하므로 체력 소모가 상당하다. 신체적인 노화에도 불구하고 젊은 날의 열정 못지않게 끝없이 도전하는 뚝심에 뜨거운 응원을 보낸다. 나이가 들수록 새로운 분야에 도전장을 내미는 건 어려운 일이다.

호스피스 전문가 오츠 슈이치가 죽음 앞에 선 1,000명의 말기 환자들이 남기는 마지막 후회들을 모아 쓴 『죽을 때 후회하는 25가지』라는 책이 있다. 가장 애잔하고 가슴을 울렸던 문구는 그들이 소망한 것들이 육체와 정신적으로 쇠약하고 시간이 많지 않아 하고 싶어도 할 수 없다는 사실이다. 남아있는 삶의 불씨가 희미해져 가면 가장 먼저 하고 싶은 일이 무엇일까?

영화 『퍼펙트 맨』(용수, 2019년)을 보면 시한부 인생을 사는 장수(설경구)가 한탕을 꿈꾸는 영기(조진웅)에게 소원을 들어주면 사망보험금을 주겠다는 제안을 한다. 두 달 남은 '장수'는 하고 싶은 목록을 적어 건네지만 그것을 본 영기는 의아하다. 굉장히 평범해서 오히려 특별한 추억을 만들어주고 싶어 한다. 엉뚱한 일을 벌이는 영기의 모습에 점점 동화되는 장수와의 케미는 신선한 재미를 선사하였고, 무겁고 딱딱한 '죽음'을 담담하게 그려냈다. 인간이라면 한 번쯤은 했을 법한 고민이다. 외국에서도 죽기 전에 하고 싶은 일 『버킷 리스트』(로브 라이너, 2008년)라는 영화가 전 세계인의 죽음에 대한 공감을 사며 명작으로 꼽힌다.

미국의 전 대통령 버락 오바마는 "우리가 죽는 순간에 인생에서 가장 많이 하는 후회는 살면서 한 일들 때문이 아니라, 하지 않은 일 때문"이라는 인터뷰를 남기며 화제가 되었고, 제2의 인생을 설계하는 이들에게 큰 공감을 샀다.

유년 시절에 나에게 죽기 전에 꼭 잘 하고 싶은 일이 무엇인지 묻는다면, 무대 위에서 감동을 줄 수 있는 사람으로 기억되고 싶다고 말할 것이다. 유명 행사나 교육 프로그램에서 진행을 보는 사회자의 언변과 재치가 부러웠다. 대중을 압도하는 카리스마와 부드럽게 의미를 전달하는 그들을 보며 강사의 꿈을 좇기 시작했다. 처음엔 서툴고 어설퍼서 부끄러웠으나 진지하게 방향에 대해 고민했다. 먼저 주어진 시간을 양질의 콘텐츠로 채우기 위해 순차적으로 노력했다. 5분을 발표하는 데에도 목소리가 심하게 떨렸다. 실전처럼 매일 연습하면서 차츰 익숙해졌고, 무대에서 긴 시간을 소화하기 위해 대본의 양도 늘렸다.

"기회는 준비하는 사람에게 온다."는 명언이 있다. 마침 모교에서 성공적인 미래 설계에 대한 강의 요청이 왔다. 짧으면 짧고 길면 긴 30분간 강연할 수 있는 인생에서 첫 기회였다. 귀한 사람을 대하는 정갈하고 침착한 마음가짐으로 그날을 준비했다. 잘해서 성공적으로 평가받고 싶었다. 한 달 동안 매일 대본을 수정하고 반복하여 말하기 연습을 하였다. 그러자 놀랍게도 관객이 짓는 미세한 표정이 보였다. 여유가 생기면서 무대는 나를 진솔하게 드러내는 공간으로 재탄생했다.

작은 성공이 차츰 쌓이면서 큰 자신감을 얻게 되어 유쾌한 매력을 가진 강사가 되고자 마음을 먹었다. 여러 군데에 이력서도 넣어보고 불러주는 곳이 한 군데라도 있으면 몸 바치리라 이를 갈며 최종 합격을 기다렸다. 어떤 곳은 매 학기마다 2년을 지원하였고, 칠전팔기로 합격하여 지금은 □□□대학교 평생교육원에서 일하고 있다. 강사로 인정받고 꾸준하게 일할 수 있는 여건이 제공돼서 뛸 듯이 기뻤다.

초보 강사 시절에는 대구에서 대전을 오가며 매달 1~2번씩 교육 행사를 도우면서 보조 강사로 3년 동안 일했다. 주 강사인 원장님의 적당한 어조와 미소를 띠며 교육생을 지도하는 유연한 수업 진행 방식을 보면서 의욕도 생겼고 앞으로 나아갈 방향에 대해 구체화했다.

곰곰이 떠올려보면 단계적으로 목표를 설정하고 리스트를 작성하면서 내가 좋아하는 것들을 발견하고 구체적인 꿈에 도전한다는 건 즐거운 일이고 삶의 자긍심을 높이는 기회였다. 지금까지 한 걸음씩 나아갔던 발자국은 현재와 내일을 뛰게 할 수 있는 단단한 심장이 되었다.

최근 종영한 〈이태원 클래스〉(JTBC 드라마)에서 인상 깊었던 대사는 "목표가 확실한 사람의 성장은 무서운 법이다."였다. 목표를 성취함으로써 내면이 더욱 견고해져 끊임없이 새로운 도전을 향하는 '박새로이(박서준)'를 보며 나도 저렇게 살아야겠다는 다짐을 하였다.

강사로서의 삶도 무척 만족하지만 내 지식을 사회에 환원하고자 책 저술과 신문사에 기고를 통해 더 나은 사회로 도약할 수 있도록 불철주야(不撤晝夜)한다. 스피치 강사의 삶은 한 마디로 산을 타는 등산가의 일생과 흡사하다고 표현하고 싶다. 포기하고 싶은 고비를 넘고 힘겨울수록 더 굳건하게 버티며 앞으로 나아가야만 다음 행선지가 눈앞에 존재한다.

무대에서의 긴장감은 낭떠러지에 다다른 공포감과 비슷하다는 기사를 보았다. "아래 무서우니까 절대 밑에 보지 말고 앞만 보세요."라고 등골이 오싹한 곳에 다다르면 누나가 동생에게 하는 잔소리처럼 자주 교육생에게 내뱉는다. 무대 공포증이 있어 앞으로 나오기를 주저하는 사람에게 "나를 바라보는 청중을 보지 말고 네가 발 디딜 한 보 앞으로만 보고 걸어. 그럼 넌 무사히 해낼 수 있어!"라며 따뜻한 말 한마디 건네고 싶다.

■ 또렷하고 부드러운 발음 교정을 위한 모음 발음을 연습하자

▶ 실전편

안녕하십니까? /

오늘 발표를 맡은 / ㅇㅇㅇ입니다. /

세계적인 축구 스타 베컴과 / 가수 보아의 ///

세 가지 공통점이 / 무엇인지 아십니까? /

첫째는 / 자신의 분야에서 / **최고의 자리까지**

올랐다는 것이고 / 둘째는 / 학교를 제대로

다니지 못했다는 것이고 /// **마지막은** 무엇일까요? /// 돈을

많이 번 사람일까요? ///

팬클럽회원이 / 많은 사람일까요? ///

오늘 이 자리에서 말씀드리고 싶은 **공통점은** ///

바로 /// **지독한 연습벌레**라는 것입니다.

제 어머니는 사고로 양쪽 고막을 잃으셨습니다. /

청력을 거의 잃고 / **보청기**에 의지해서 삽니다. /

그래서 저는 어릴 적부터 /

크고 또박또박 말하는 습관이 생겼습니다. //

지금까지는 어머니와의 소통의 창이었지만, /

앞으로는 /// 국민 모두의 소통의 창이 되고 싶습니다. /

- MBC 아나운서 박주인

| 매 순간 잊지 말고 기억하자! |

- /(하나),//(하나, 둘),///(하나, 둘, 셋)을 속으로 세고 다음
  단어 혹은 문장을 이어가자

- 강조해야 할 부분은 진한 글자로 표시하여 배에 힘을 주며
  말하자

제6장

사람을 끌어당기는 공감하며 말하기

'인생에서의 큰 기쁨은 관계 속에서 무럭무럭 자란다'

1. 모든 순간이 꽃봉오리이고 진심을 담은 기적의 순간이다
   - 세상을 바꾼 시간(세바시)에서 배운 소통【진심】

2. 들불처럼 번지는 사랑, 진정한 관심
   - 세상을 바꾼 시간(세바시)에서 배운 소통【관심】

3. 나도 틀리고 실수할 수 있다는 열린 자세, 겸손함
   - 세상을 바꾼 시간(세바시)에서 배운 소통【겸손과 존중】

사람을 끌어당기는 공감하며 말하기

『인생에서의 큰 기쁨은 관계 속에서 무럭무럭 자란다』

1. 모든 순간이 꽃봉오리이고 진심을 담은 기적의 순간이다.

．．

사람이 사람의 마음을 얻는 것만큼 힘든 일도 없을 거야!

내가 좋아하는 사람이 나를 좋아해주는 건 기적이란다.

－『어린왕자』(생텍쥐페리) 중 일부 발췌

퇴근하고 저녁시간을 지나 어스름한 이른 새벽을 통째로 비웠다. 단 한 사람을 위해서. 바람이 시원하다. 콧바람이 저절로 난다. 내가 있는 곳으로 먼 걸음 해준 정성이 고맙다. 그래서 조금 일찍 서두른다.

친구는 내게 함박웃음을 지으며 성큼성큼 내딛는다. 시간을 내주고 잊지 않고 기억해 줘서 고맙다고 인사를 한다. 진심 어린 마음이 감사하다. 서로 차분히 이야기한다. 상대가 편하게 시간 가는 줄 모르고 말하는 모습이 보기 좋다. 나에게 마음의 문을 여는 걸 보면 그렇게 행복할 수 없다.

그는 아직도 얼굴에 근심이 묻어있다. 고난의 무게를 모두 이겨 내지 못한 것 같다. 자리를 옮겨 아파트 내에 조용한 곳으로 걸었다. 늦은 밤이지만 가족이 모여 웃음소리가 방안을 넘어 바깥에도 들려온다. 어릴 적 추억을 곱씹으며 그네를 타고 마주 앉았다.

"여기 참 좋지?"
"그러네. 철없던 그때로 돌아간 거 같다."
"맞아. 우리 그냥 상념은 내려놓고 현재에 집중하자!"
"응…"

우리는 삐걱삐걱대는 그네 소리를 들었다. 적막을 깨는 유쾌한 반란이었지만 싫지 않았다. 오랜만에 만났지만 자연스럽게 서로의 근황과 고민을 듣는다. 풍경으로 시선 한 번 돌리며 그의 차분하고 당당한 말투에 다시 귀 기울인다. 점점 새벽 여명이 강하게 밝아 오고 있었다.

그의 고민을 들으니 실타래처럼 꼬였던 내 시절이 떠올랐다. 열정은 누구보다 넘쳤지만 좌충우돌했던 시기. 나는 그때의 내 얘기와 내 고민을 말했다. 그의 눈에선 동병상련의 마음을 알아준다는 배려에 눈시울이 붉어졌다.

"오늘도 괜찮다고 나만 이렇지 않을 거라고 혼자 다독였던 마음을 누군가 알아주니… 괜스레 눈물이 나네."
"실컷 울어! 비온 뒤에 땅도 단단해지는 거야!"
"그런가 봐. 아직 내가 완전히 이겨내지 못했나 봐"
"괜찮아! 나도 그랬고, 앞으로는 울어도 좋고 잠시 멈춰도 좋아! 그렇지만 꼭 굳건하게 달려가보자!"

영화 『마리 앙투아네트』(소피아 코폴라, 2007년)에서 마리 앙투아네트(커스틴 던스트)는 오스트리아인으로 프랑스와 정략적으로 결혼하게 된다. 타국에서의 외로움과 공허함이 그녀를 심리적으로 괴롭히고 투명인간 취급받는다. 허망한 내면을 소비로 채우고 술과 도박에 중독되고 만다. 미래의 희망과 목표보다 절망적이고 곤궁함을 택했다. 그만큼 자신의 불명확한 정체성에 확신을 갖기란 참으로 어렵다. 그녀는 삶에 대한 절망감으로 낙심했지만 친구는 미래의 등불을 밝힐 열망을 품었다. 그가 기특하다.

그는 눈물을 거두고 생계를 위해 대리운전을 하지만 훗날 소방공무원이 되겠다는 포부를 당차게 밝혔다. 아파트라 먼동이 틀 무렵 들리는 닭 울음소리는 없었지만 멀리서 빼꼼히 들어내는 해를 보며 반가움을 뒤로 한 채 헤어져야만 했다. 나는 잠자는 시간을 오랜만에 만난 친구를 위해 다 썼다. 긴 대화와 추억을 소환하며 금세 하루가 흘러갔다.

사람들은 가끔 묻는다. 왜 그렇게 대화하는 걸 즐기냐고 말이다. 정제되어 출간된 책을 읽는 것보다 단정되어 있지 않은 인생 속 이야기를 그의 실제 목소리로 듣는 게 좋다. 맞장구쳐 주고 공감해 주며 내밀한 속내를 꺼내며 같이 나누는 게 좋다. 남에게 들키기 싫은 치부는 누구나 가지고 있기 마련이니까.

흘러간 바다는 다시 돌아오지 않는 것처럼 시간과 순간은 붙잡는다고 품 안으로 절대 오지 않는다. 나와 맞잡은 손이 언제나 함께할 거란 생각은 금물이다. 중국의 명언 중에 '누구도 이미 지나간 시간을 되돌릴 수 없다'고 했다. 다시 그와 만나지 못할 수도 있다. 인연을 소중하게 여기며 따뜻한 체온이 유지되고 지속될 수 있도록 항상 서로에게 마음의 빗장을 풀며 대화해보자!

■ 세상을 바꾼 시간(세바시)에서 배운 소통 【진심】

훤칠한 키에 잘생긴 외모로 유복한 가정에서 태어났을 법한 강연자가 있다. 유난히 말솜씨가 훌륭한 것은 아니었지만 그 이야기에서 진심이 느껴졌다. 진심을 흔히 먹는 과자로 표현하면 새삼 와닿는다. 커다란 봉지 과자를 보며 설레는 심정으로 열었을 때에 실망할 때가 많다. 포장만 요란하고 내용물은 허기진 배를 달랠만한 양이 아니기 때문이다.

말하기에서 가장 중요한 점은 '진심'이다. 그 이야기에서 진심이 느껴지지 않는다면 외롭고 공허하다. 화려한 미사여구나 관록이 느껴지는 표정과 제스처는 허울에 불과하다. 세상을 바꾸는 시간 황태환의 『진짜 인플루언서로 사는 법』편은 250만 명이 넘는 높은 조회 수를 기록하였다. 댓글을 보면 말하는 사람에게 진심이 느껴졌고, 따뜻한 감동과 큰 울림을 주었다는 호평 일색이다.

그의 어머님은 교회에서 화장실 청소를 하고, 아버님은 공장에서 일하며 넉넉하지 못한 가정사지만 자신보다 어렵게 사는 이웃을 돌보며 일생을 살았다고 한다. 다른 사람을 위해 사시는 부모님의 이야기를 들려주며 그는 존경을 표시하였다.

말하는 내내 겸손함과 솔직함이 말속에 묻어 있었다.

이야기의 주제는 부모에서 자녀로 향하였다. 귀여운 첫째 아들을 소개하고, 둘째 아이가 아파서 하늘나라로 먼저 간 가슴 아픈 이야기를 하였다. 말이 빨라지고 목소리가 떨리면서 "너의 죽음이 헛되지 않게 다른 누군가를 잘 살도록 만들어 주기 위해 진심으로 노력할 거야!"라고 말했을 때 나도 모르게 눈물이 났다. 그의 삶 속에서 진심이 느껴졌고 그가 하는 말에 몰입하였다. 그리고 그를 응원하였다.

진심은 감정을 꾸미고 척을 한다고 나눌 수 있는 교감이 결코 아니다. 나를 드러내고 진심을 향해 말해야만 상대방의 마음을 울리고 더 나아가 세상을 변화시키는 힘을 가질 수 있다.

| 당신이 생각하는 진심은? 자유롭게 적어보자 |

2. 들불처럼 번지는 사랑, 진정한 관심

··

다른 사람에게 관심을 갖지 않는 사람들이
인생에서 가장 큰 고난을 당하며
다른 사람에게 가장 큰 상처를 입힌다.

– 데일리 카네기

세월이 흐르고, 기술은 향상되고, 대면이 아닌 휴대전화로 소통을 가능케 하고 대체하는 시대가 되었다. SNS를 활용한 소통은 재밌다. 이모티콘과 문장 표현에 따라 감정을 표현하면서 눈과 얼굴이 담당하는 표정을 대신하는 풍조가 신기하다. 게다가 가장 행복하고 즐거운 사진만 골라서 올리다 보니 이 곳이 우리가 꿈꾸는 유토피아라고 착각할 정도다. 전화나 직접적인 만남에서 쓰는 시간과 에너지가 복잡하고 번거로운 일이 되면서 실제적인 소통은 가급적 몸을 멀리한다. 점점 현실 세계에서의 만남과 소통, 대화가 부담 되는 청년들이 많아졌다.

SNS는 예쁜 옷을 입고 단정하고 내 기분을 뽐내고 싶을 때에만 일방적인 소통을 한다. 서로가 부러워하고 그의 행동에 대리만족하여 순식간에 관계는 넓어질 수 있다. 팔로워가 몇천 명, 몇만 명이 된다. 슬프게도 정작 내가 급하거나 어려운 때에 내 곁을 지켜주는 이는 몇 없다. 특히 관계는 주위에 많아 보이나 그 속에 나의 정서적 보금자리가 되어주는 친구가 없다고 자각하면 그때부터 나를 더 괴롭게 만든다. 유리잔처럼 힘을 가하거나 떨어뜨리면 쉽게 손상되는 사이를 말한다.

서로의 단점을 드러내면서 깊이 감정을 나누고 공유해야만 애틋한 감정으로 진전할 수 있다. 내 고민과 아픔을 초롱초롱한 눈망울로 들어주던 그때, 내 고통을 조금이라도 나누려고 감싸 안았던 포근한 품. 내 편이 많아졌음을 체감하며 스스로를 다독이면서 우리는 벌떡 다시 일어난다. SNS는 사람 사는 냄새를 어디에서도 맡을 수가 없고 관계가 깃털처럼 가벼워 힘든 때에 더더욱 허무하고 착잡하게 만든다.

인간관계에 가장 중요한 점은 서로 간이 지속적인 관심과 관리이다. 관심은 서로 간의 신뢰를 구축하여 커다란 사회를 이루는 데 필수 불가결한 요인이다. 이것이 한순간에 무너지면 자기 의견을 고집하여 옥신각신 서로를 물어뜯으며 다툰다.

지금 세대는 SNS에 익숙해져 제대로 된 연애나 호기심·관심도 주지 않아 외로움과 쓸쓸함에 깊이 사무쳤다는 기사를 본 적이 있다. 내 주위에서도 드물게 이런 지인이 많다. 그들은 공통적으로 소개팅 주선을 자주 해달라고 조른다. 마지못해 괜찮은 이성을 소개해 준다. 그때마다 번번이 오래가지 못하고 이별하는 모습을 자주 목격한다. 추후 속내를 들어보면 형식적인 관계 맺음에 익숙하여 지속적인 만남을 어려워했다. 흐트러지고 있는 그대로의 모습을 보이는 데 몹시 어색해 했으며, 형식적 인연에서 진정한 관계로 나아가는 데 큰 관심이 없었다.

황정민, 임수정 주연의 『happiness』(허진호, 2007년)에서 자유분방한 삶을 살아가는 영수(황정민)는 심각한 간경변을 앓게 되어 시골의 한 요양원에 머물게 된다. 그때 만나는 은희(임수정)와 사랑에 빠지면서 동거한다. 은희가 영수의 건강을 위해 장대비가 쏟아지는 날 약초를 채집하고 크게 아팠던 장면이 기억에 남는다. 폐가 좋지 않아 혹시라도 감기에 걸리면 건강에 치명적임에도 오직 사랑하는 사람을 위해 보여준 헌신적인 행동과 마음 씀씀이가 차가운 도시생활을 하는 우리에게 따뜻한 사랑의 의미를 전한다.

우정과 사랑, 가장 깊은 곳에서 발원하는 관계에서 서로가 서로에 대해 실오라기 하나 걸치지 않은 상대방의 진짜 모습을 보고 싶어 한다. 우리는 두 눈으로 그 사람의 진짜 모습을 보고, 귀로 그의 육성을 듣고, 코로 눈살 찌푸리는 체취와 냄새를 맡으며 온전한 사랑을 확인받고 싶어 한다. 오감을 통해 안정적인 관계망을 단단하게 조이고 소박한 정을 끝없이 나누려 한다.

　인간관계에서 당연한 건 없다. 마찬가지로 만물은 모두 동일한 섭리를 가진다. 흔히 꽃에 물을 주고 관심을 지속적으로 가져야만 꽃이 무럭무럭 자란다. 로미오와 줄리엣 영화에서도 갖은 미사여구로 서로의 마음을 고백하지만 서로를 아끼고 몹시 귀중하게 여기는 깊은 사랑의 시작은 관심에서 비롯한다.

　타인을 향한 호기심과 신뢰는 비옥한 땅에 뿌려지는 씨앗과 같아 한번 뿌리를 내리고 정착하면 쉽게 사라지지 않는다. 관계와 말하기도 모두 그러하다. 관심을 갖다보면 상대방에게 호감을 줄 수 있고 영원한 관계를 맺는 원동력이 될 수 있는 점을 명심하라.

"아이를 키우고 훈육할 때에는 그의 행동이 아닌 마음속 동기를 봐야 한다. 결과물이 아닌 행동을 하게 된 과정을 봐야 한다. 집 안을 어질러 놓았지만 아이의 마음속에 잘못된 동기가 없다면 훈육은 피해야 한다."

〈내 아이를 위한 훈육의 네 가지 원칙〉으로 강의를 한 유명 배우 신애라 씨가 한 말이다. 그녀는 아이들을 사랑하는 마음으로 훈육을 할 때에 10배의 사랑이 필요하다고 말하였다. 마치 한 송이의 꽃이 만개하기까지 365일 내내 많은 관심과 애정이 뒷받침되지 않으면 아름다운 모습을 볼 수 없는 자연의 이치와 같다.

훈육과 강의에는 공통점이 존재한다. 바로 듣는 사람 혹은 가르치는 사람에게 지속적인 사랑과 열정이 요구된다는 점이다. 부모의 기분에 따라 롤러코스터처럼 감정이 요동치면 아이는 불안하고 혼란스러워 한다. 강연도 마찬가지이다. 말하는 사람이 일관성을 가지고 꾸준한 태도를 보여야만 청중을 사로잡을 수 있다.

"부모는 평생 공부해야 한다. 아이들을 보면서 나를 속상하게 만든 점이 그 아이의 전부가 아니다. 이것은 자라면서 계속 바뀐다. 그 모습은 성장하는 과정이지 그 과정이 그 아이의 전부가 아니다. 기다리고 기대하고 기도하자."

신애라 씨는 부모는 아이의 성장에 발맞춰 기다려주고 스스로 결정할 수 있도록 부모도 공부가 필요하다고 하였다. 듣는 상대에 따라 끊임없이 연구하고 이해할 수 있는 인내력을 키워야만 상대방의 목적을 간파하여 공감에 이를 수 있다. 소중한 내 아이를 돌본다는 마음으로 상대에게 뜨거운 관심을 보내야만 그의 마음의 문을 열고 들어갈 수 있다.

| 당신은 몸을 숙이며 상대방의 말을 최근에 귀 기울인 적이 있는가? |

3. 나도 틀리고 실수할 수 있다는 열린 자세, 겸손함

진정으로 용기 있는 사람만이 겸손할 수 있다.
겸손은 자기를 낮추는 것이 아니라
도리어 자기를 세우는 것이다.

– 브하그완

SBS에서 방송하는 〈동상이몽〉(SBS 예능)은 커플들이 살아가는 모습을 '남자'와 '여자'의 입장에서 바라보는 프로그램이다. "생각이 많이 다르구나!"를 매번 느끼게 해주어 본방 시간을 기다린다. 가장 기억에 남는 부부는 KBS 간판 아나운서였던 '조충연'과 '김민정'의 부부 이야기다. 이 두 분은 말을 잘하는 직업을 가졌지만 그들도 '현명하게 말하는 부부 대화법'에 대해서 고심하고 있다고 고백하였다.

김민정 씨는 남편의 말에 변화를 일으켰던 대목으로 "나는 네게 지적받을 만큼 잘못하지 않았어."를 꼽았다. "이런 부분을 고쳐줬으면…" 해서 남편에게 쏟아냈던 말이 상처가 되었음을 미안해하였다.

이들 부부가 나오고 시청률은 깜짝 상승하였다. 부부라면 충분히 고개를 끄덕이고 수긍 가는 대화다. 주위에서 '치약 짜는 순서', '옷을 개는 방법' 등의 생활습관으로 부부 간의 다툼이 있는 걸 종종 듣는다. 살아왔던 방법과 사고방식이 다르기에 사사건건 엇갈리며 오해가 쌓이고 서로의 거리가 멀어진다.

그런데 3년간의 부부 갈등 이후 소중한 사람을 대하는 자세의 변화에 감동하였다. 그들은 티격태격했던 모습에 후회하고 달라지며 서로를 행복하게 해주려고 소소하게 노력하고 있었다. 있는 그대로의 차이를 극복해야 하는 대상이 아닌 인정해야 되는 존재라고 여기는 모습에 절로 흐뭇해졌다.

데일리 카네기의 『인간관계론』이라는 책을 보면 우리가 아는 위대한 지도자 링컨 이야기가 있다. 링컨의 이미지는 미국의 남과 북을 통일시키며 온화하고 포용력을 가진 위대한 지도자라고만 떠올린다. 그런데 젊은 시절의 그는 혈기 왕성한 강력한 비판주의자였다고 한다. 이런 그의 행동을 변화시킨 계기가 있다. 링컨이 상대를 비판했던 가장 큰 이유는 상대방의 반성과 사과를 받고 싶어 했기 때문이다. 신랄하게 비판했던 상대방과 큰 다툼을 벌이고 원수 관계로 뒤바뀌었다. 자신이 뱉은 말이 날카로운 칼이었음을 깨닫고 어리석은 행동을 뉘우쳤다.

필자도 유사한 사례가 있다. 학창 시절 미래의 진로에 대해 밤낮없이 고민하였다. 도서관에서 같이 공부하던 한 친구는 임용고시를 준비하였다. 그와 상담하던 중에 "만약에 너 임용고시 안 되면 어떤 분야로 취업할거야?" 물었다. "글쎄, 잘 모르겠네."라고 퉁명스럽게 대답하자 오지랖을 부려 그에게 여러 가지 분야에 대해 설명해 주며 회사의 복지와 연봉도 말해주었다.

그날 이후로 연락도 잘 안 되고 사이가 서서히 서먹해졌다. 나중에 다른 친구를 통해 들은 바로는 '불합격'을 가정하는 내 모습이 싫었다는 말을 듣고 당혹스러웠다. 돌이켜보면 무의식적으로 "내 의견이 맞다."고 먼저 결론을 내어 놓고 대화에 임하지 않았나 후회가 든다. 다른 사람의 의견을 비판하고 내 의견을 줄기차게 주장하지만 그날 이후로 들어주는 척만 하지 말고 "나도 얼마든지 틀릴 수 있다."는 가정을 두고 진지하게 경청하는 자세로 변하였다.

글쓰기를 즐기면서 의식과 행동을 연구하는 심리학에 관심이 많아졌다. 심리학은 인간의 사고방식을 형성하는 뿌리를 연구하였고, 자신과 타인을 이해하는 데 큰 도움이 된다. 심리학의 인기가 꾸준히 유지되는 비결은 상대방의 행동이 갈수록 예측 불가하고 변수가 많아 관계에서 우위에 서고 싶은 대중적인 정서가 반영된다.

영화 『트루먼 쇼』(피터 위어, 1998년)는 트루먼(짐 캐리)이라는 인물이 '빅 브라더'에게 통제받는 삶의 일면을 보여준다. 트루먼의 삶은 각본과 동선이 있지만 그 사실을 알지 못한다. 어느 날 트루먼은 이상한 기미를 눈치채며 돌발 행동을 감행한다. 트루먼은 자신을 감시하는 체제에서 탈출하며 갇힌 삶에서 벗어나기 위해 갖은 노력을 한다. 우리 모두는 표준화되고 획일화된 행동을 요구하는 틀 속에서 자유의지를 본능적으로 외치며 산다.

인생의 답을 강요하며 해결책을 던져주기보다 들어주고 공감하자. 절대적인 정답은 세상에 수학이나 과학밖에 존재하지 않는다. 섣부른 해결안을 제시하기보다 공감을 통해 타인을 위로하고 그가 직접 대안을 마련하도록 지지해 주자. 상대가 직접 요청하지 않는 한, 섣불리 조언하고 해결책을 제시한다면 더 큰 역풍을 맞게 된다.

'소크라테스 대화법'은 상대에게 질문을 통해 스스로 문제의 결론을 도출하도록 거드는 방법이다. 우리 일상 속에 적용해 변화의 방향을 살펴보고 서로가 기분 좋은 사람으로 기억될 수 있는 대화를 이루어가길 바란다.

■ 세상을 바꾼 시간(세바시)에서 배운 소통 【겸손과 존중】

본 방송은 더 좋은 세상을 위한 지식과 경험을 나누는 플랫폼이다. 그곳에서는 정치인과 종교 관계자를 제외한 모든 이야기가 자유롭게 공유된다. 그것이 소중하고 감명 깊은 소재와 주제라면 누구든지 일상에서 나와 본인의 경험을 소개한다.

개그맨 오나미 씨는 〈마음과 몸의 근육이 필요한 이유〉를 주제로 코미디 무대가 아닌 강연장에서 만났다. 그녀는 개그콘서트(KBS, 코미디 프로그램, 2020년 종영)에서 못생긴 캐릭터로 대중에게 많은 사랑을 받았다.

"신인 초기에는 악성 댓글로 상처를 받은 적이 많아요. 두렵고, 내가 왜 싫지? 내가 저 사람한테 무엇을 잘못했을까? 나한테 왜 그러는 거야?" 자존감을 낮추는 질문은 꼬리에 꼬리를 물고 스스로에게 상처를 준다고 말하였다.

그녀는 힘든 시절로부터 단단해질 수 있었던 비결로 '취향 존중'을 꼽았다. "너와 나는 분명히 다르다"라고 마음먹은 순간, 그녀는 평소 "나만 상처를 받고, 이 상처는 영원할 거야"라는 생각을 버리고, "다른 사람도 나와 같은 상처를 받아, 내가 받은 상처는 일시적이고 영원하지 않아"라고 대수롭지 않게 여기며 마음가짐도 180도 달라졌다. 생각의 변화로 목표가 생겼고 긍정적인 마음가짐으로 일상이 변화했다고 고백했다.

우리는 말을 하며 소통하고 살아간다. 서로 다르기에 무심코 뱉은 말로 상처를 주기도 하고 받기도 한다. 그럴 때마다 상처받는 사람에게 잊어버리고 강해지라고 강요한다. 이것은 옳지 않다. 말의 뾰족한 상처에서 모두가 벗어날 수 있으려면 상처받지 않는 근육을 키우는 게 아니라 말하는 사람이 서로의 존재를 이해하고 따뜻한 말을 건네는 문화가 형성되어야 한다.

상대의 취향을 존중하고 내 생각이 충분히 틀릴 수 있음을 인정할 때에 말하는 사람도 듣는 사람도 말에서 자유로워진다. 자신을 지키기 위해 꼭 필요한 노력은 상대를 존중하는 태도이다. 우리 모두 동참하자.

| 당신은 상대를 적극적으로 배려하면서 말하고 있는가? |

슬기로운 집콕 스피치

초판인쇄 2021년 1월 22일
초판발행 2021년 1월 25일
저　　자 장 승 재
발 행 인 권 호 순
발 행 처 시간의물레
등　　록 2004년 6월 5일
등록번호 제1-3148호
주　　소 서울시 은평구 증산로17길 31, 401호
전　　화 02-3273-3867
팩　　스 02-3273-3868
전자우편 timeofr@naver.com
블 로 그 http://blog.naver.com/mulretime
홈페이지 http://www.mulretime.com
I S B N 978-89-6511-346-1 (03320)
정　　가 12,800원